PATRÍCIA GALVÃO

Maria Valéria Rezende

PATRÍCIA GALVÃO

Pagu, militante irredutível

1ª edição

Coleção Brasileiras

Organização
Joselia Aguiar

Rio de Janeiro
2023

Copyright © Maria Valéria Rezende, 2023

Direitos de personalidade cedidos pelos Herdeiros de Pagu por || l. arruda propriedade intelectual

Todos os direitos reservados. É proibido reproduzir, armazenar ou transmitir partes deste livro, através de quaisquer meios, sem prévia autorização por escrito.

Todos os esforços foram feitos para localizar os fotógrafos das imagens e os autores dos textos reproduzidos neste livro. A editora compromete-se a dar os devidos créditos em uma próxima edição, caso os autores as reconheçam e possam provar sua autoria. Nossa intenção é divulgar o material iconográfico, de maneira a ilustrar as ideias aqui publicadas, sem qualquer intuito de violar direitos de terceiros.

Design de capa e ilustração: Hana Luzia
Diagramação: Abreu's System
Design do caderno de imagens: Hana Luzia

CIP-BRASIL. CATALOGAÇÃO NA PUBLICAÇÃO
SINDICATO NACIONAL DOS EDITORES DE LIVROS, RJ

R357p

Rezende, Maria Valéria
Patrícia Galvão : Pagu, militante irredutível / Maria Valéria Rezende ; organização Joselia Aguiar. - 1. ed. - Rio de Janeiro : Rosa dos Tempos, 2023.
(Brasileiras 2)

ISBN 978-65-8982-808-2

1. Galvão, Patricia, 1910-1962. 2. Escritoras brasileiras - Biografia. I. Aguiar, Joselia. II. Título. III. Série.

23-86895
CDD: 928.69
CDU: 929:821.134.3(81)

Meri Gleice Rodrigues de Souza - Bibliotecária - CRB-7/6439

Este livro foi revisado segundo o Acordo Ortográfico da Língua Portuguesa de 1990.

Direitos desta edição adquiridos pela
EDITORA ROSA DOS TEMPOS
Um selo da
EDITORA RECORD LTDA.
Rua Argentina, 171 - Rio de Janeiro, RJ - 20921-380
Tel.: (21) 2585-2000.

Seja um leitor preferencial Record.
Cadastre-se em www.record.com.br
e receba informações sobre nossos lançamentos e nossas promoções.

Atendimento e venda direta ao leitor:
sac@record.com.br

Impresso no Brasil
2023

*Em memória de minha irmã Maria Vitória,
um ano mais nova, que nos deixou antes que
estas memórias compartilhadas virassem livro.*

SUMÁRIO

A COLEÇÃO BRASILEIRAS   9

PREFÁCIO: PELOS OLHOS DE PAGU   11

1. Rolê no Teatro Coliseu   15
2. Todos os nomes   33
3. Na militância   49
4. Viagens   63
5. De volta para casa   79
6. Tempo de escrita   93
7. Questões de memória   105
8. Na cena de Santos   119

9. Vida morte vida   133
10. Peixe dentro d'água   141

ESTE LIVRO   155

A COLEÇÃO BRASILEIRAS

BRASILEIRAS É A COLEÇÃO que apresenta mulheres que construíram, expandiram e transformaram seus campos de atuação no país – das artes à ciência, do meio ambiente à política.

Estão vivíssimas, no exercício vigoroso de suas atividades e com muito a realizar, ou nasceram em épocas passadas, quando pertencer ao gênero feminino tornava ainda mais difícil a escolha de caminhos, a hora da decisão, a sucessão de oportunidades e o aplauso de seus feitos.

Há aquelas cujo talento e impacto já são celebrados. Outras merecem mais pesquisa, valorização e divulgação junto a um público amplo, para além de suas comunidades, nichos e lutas. O seu reconhecimento se dá por vezes tardiamente, embora sua atuação e obra possuam tal eloquência que é impossível permanecerem inaudíveis, tampouco esquecidas.

Os perfis são breves e pensados para leitoras e leitores de todas as idades que desejam uma primeira aproximação com essas histórias de vida. Escritos numa variedade de estilos no conjunto do que chamamos *não ficção literária*, os volumes possuem abordagem autoral distinta, indo do mais jornalístico ao histórico, entre a narração e o ensaio, como resultado de procedimentos múltiplos, como a observação atenta, a busca em arquivos, as entrevistas *in loco* ou a memória pessoal.

PREFÁCIO
PELOS OLHOS DE PAGU

ESTE NÃO É APENAS mais um retrato de Pagu, tantas vezes e merecidamente reimaginada por artistas de gerações distintas. À medida que avançar na leitura, você vai notar que se trata, sobretudo, do retrato de uma menina que, ao conhecer Pagu, passa pouco a pouco a ver as coisas do mundo pelos seus olhos e a toma como inspiração na trajetória tão inusitada quanto impressionante de militância social e cultural que irá construir nas décadas seguintes ao encontro das duas.

A menina em questão é Maria Valéria Rezende, que se tornou, primeiro, freira, depois, escritora de mais de duas dezenas de livros, um nome imprescindível, hoje, na articulação de autoras mulheres de todo o país. Quando conviveu com Pagu, o apelido modernista já desagradava bastante a outrora musa da vanguarda brasileira. Era Patrícia Galvão e se dava o direito de lançar mão de pseudônimos para assinar artigos e colunas na imprensa. De produção versátil, publicava textos sobre os mais diversos assuntos, desde debates culturais de grande monta a comezinhos bastidores de TV.

O lugar desse encontro das duas é Santos, a "Moscouzinha", onde um dia a Pagu jovem descobriu seu fervor político e que oferecia a ela, tempos depois, em seus últimos anos de vida, o conforto de um emprego estável e a possibilidade de sentir-se bem perto do seu amado mar. Patrícia Galvão, naqueles dias, foi principalmente uma grande incentivadora do teatro amador e de vanguarda, contribuindo para fortalecer uma cena local agitada que serviu de palco para artistas de grandeza em várias linguagens.

Nessa mesma Santos, Maria Valéria, nascida em uma família que cultiva o humanismo e os livros, descobria ao mesmo tempo a vida intelectual e religiosa, iniciando uma atuação nem um pouco convencional, entre a educação popular e a literatura. Se na história de Pagu temos um elenco que vai de Tarsila a Getúlio, nesta outra história, de Maria Valéria, surgem seu pai, médico de personalidade espantosa, Frei Betto e até Fidel, em meio a um valoroso exército de freiras de coragem e militantes da educação vistos como verdadeiros operários em um território que vai sendo redescoberto e ainda está em reconstrução.

A tarefa de escrever este livro exigiu uma estratégia nova. De início, essa menina, agora já na oitava década, pesquisou em sua biblioteca sobre a amiga Patrícia. A visão comprometida, somada a uma temporada difícil de perda de amigos e amigas muito próximos, abalava sua concentração na tarefa e nos levou a uma ideia diferente para esta edição. As memórias passaram a ser ditadas a um gravador, com a ajuda de alguém – esta que escreve o prefácio – para puxar o fio de dados e recordações. Enquanto relembra a grande mulher que conheceu, Maria Valéria vai se dando conta da influência poderosa que Patrícia exerceu em si e em suas decisões dali para frente.

Ao narrar a vida de Pagu, seu ritmo é pausado, há a consulta cuidadosa das anotações feitas previamente, e a narrativa assume teor quase didático. Quando começa a recordar o curso da própria vida, o fluxo se altera, e em movimento vertiginoso somos praticamente levados a um *road movie* político-cultural, encontrando bastidores insondáveis de um Brasil enquanto passamos da ditadura civil-militar à redemocratização. A autora deste retrato de sua amiga Patrícia era, de início, alguém que poderia recordar a sua fase outonal, quando trocou o engajamento partidário pelo entusiasmado em prol da cultura e ocupou parte de seu tempo conversando com jovens santistas no Bar Regina. Por fim, acontece que este volume da Coleção Brasileiras revela não apenas uma, e sim duas mulheres revolucionárias. Saímos tão apaixonados por Maria Valéria quanto somos por Pagu.

Joselia Aguiar
Organizadora da coleção

1. ROLÊ NO TEATRO COLISEU

PRIMEIRO CONHECI PATRÍCIA GALVÃO. Depois ouvi falar de Pagu. Talvez, se não fosse por esse encontro, quando eu contava 10 ou 11 anos, minha vida tivesse sido diferente.

Sou Maria Valéria Vasconcelos Rezende. Como escritora, assino Maria Valéria Rezende, porque meu nome de registro é muito comprido. Nasci e vivi em Santos, depois no Rio de Janeiro e em São Paulo. No dia em que fiz 30 anos, cheguei ao sertão pernambucano. Agora são cinquenta anos de Nordeste, porque já estou com 80. Mais perto de 81 do que de 80 – já estou dentro do 81, como se diz aqui. Esta casa, de onde escrevo, no bairro de Bancários, em João Pessoa, é nossa, da Congregação de Nossa Senhora, nome mais usado para as Cônegas de Santo Agostinho, desde 1990. Chegamos a ter seis pessoas morando aqui, sem contar aquelas que vinham passar uns dias. Quem precisava estudar vinha para cá, porque estamos do lado do campus da Universidade Federal da Paraíba. Hoje somos apenas duas, eu e a Graça, mais jovem que eu e hoje minha superiora.

Uso um vestido que mais parece um camisolão, de algodão azul bem clarinho. Uma amiga, Antonia, que me deu. Na orelha esquerda, um brinco de pérola que foi da minha avó. O da direita descolou, preciso consertar. Esse colarzinho é de pérola de rio, foi minha irmã Viviana quem fez. Meus óculos são marrom-avermelhados, assim como meu relógio Condor. A capa do meu celular e minha bolsa têm tons vibrantes: uma, amarela, a outra, vermelha. Assim fica mais fácil de enxergar. Já perdi uma vista. Nas mãos, dois anéis. O de tucum simboliza minha opção de zelar pelos pobres. O outro é de ouro. Em muitas congregações, faz parte do ritual de votos receber uma aliança, mas não na nossa, que fazia tempo que aboliu o hábito. Tenho esta porque, quando meu pai morreu, minha mãe me deu a que era dele. Meus chinelos são de pelúcia rosa, trazidos do México por meus sobrinhos. Tenho as unhas pintadas de marrom. A Tati, minha assistente, inventou de pintá-las para esconder as manchas e me deixar mais arrumadinha. Tenho o cabelo curto: não preciso pentear, só faço assim com a mão, e pronto. O meu cabelo não fica branco. Isso é um problema, porque levo muito encontrão na rua, não percebem que sou uma velhinha. E tem quem me pergunte: "Com o que você pinta seu cabelo, para ele ficar assim tão natural?"

No esforço para estar apresentável, alegro-me de pensar que uma escritora brasileira não precisa mais ser musa, como aconteceu com Pagu. Mas primeiro vamos falar de Patrícia Galvão. Ou melhor, de Patrícia – para mim era Patrícia. Vou contar tudo de que me lembro, ditando essas memórias ao gravador. Estou neste canto do jardim que muitas vezes me serviu como lugar para ler e escrever, fumando o meu cigarrinho. Quase não preciso tragá-lo.

A PATRÍCIA QUE EU conheci vivia em Santos. Havia uma casa de espetáculos privada, o Teatro Coliseu, que começou a funcionar no início do século XX, uma beleza de construção – apesar da acústica pouco favorável –, com camarotes, frisas e plateia. Havia também uma agremiação de cidadãos santistas, o Centro de Expansão Cultural, à qual se podia associar individualmente, e assim se adquiria um lugar na plateia, ou como família, com direito a uma frisa. Essa agremiação reunia recursos para receber companhias de balé, teatro e ópera europeias que viessem ao Brasil; assim, antes de se apresentarem no Theatro Municipal de São Paulo, passavam por Santos. Percorriam de navio o Atlântico Sul, parando pelas capitais brasileiras que tivessem espaço e público que pudessem recebê-los, e iam bater lá no Teatro Colón, em Buenos Aires. Lembro que, às segundas-feiras, os teatros em São Paulo não funcionavam, mas o de Santos, sim, porque o Centro de Expansão Cultural levava o espetáculo para aquele dia. Então, muitas vezes nosso dia de teatro era segunda-feira. Conversei com meu amigo Sérgio Mamberti pouco antes de sua morte, e ele se recordava disso. Tudo que chegava a São Paulo era apresentado em Santos.

Meu pai deve ter sido o primeiro a associar a família ao Centro de Expansão Cultural, porque a Carolina Martins Costa, executiva da agremiação, morava em frente à nossa casa e era muito nossa amiga. Lembro que a gente vivia em seu quintal a subir nos pés de fruta. A nossa frisa fixa era a segunda à esquerda, quase em cima do palco. E a primeira, que ficava ao lado da nossa, era reservada para a crítica. Que eu me lembre, era onde ficavam Patrícia Galvão e seu marido, Geraldo Ferraz, ambos do jornal *A Tribuna*. Eu me lembro de existir uma muretinha entre as frisas. Eu ficava de um lado, e ela, de outro. Muitas vezes, Patrícia cochichava ao meu ouvido para explicar coisas que achava que eu não estava entendendo. De vez em quando, ela dizia: "Ah, nem presta atenção nisso, que é bobagem."

Parece que foram muitas vezes, mas talvez não tenham sido tantas: é como funciona a memória das coisas que nos marcaram muito – e, no entanto, foi inesquecível. Estava saindo da infância. Naquele tempo, a hora do intervalo era um momento especialíssimo: todo mundo ia para o salão nobre onde tinha o bar e alguns ficavam por lá, fumando, conversando e se exibindo. Não era raro ouvi-la me chamar: "Vem comigo." Era o nosso rolê no Teatro Coliseu. A gente saía da frisa, subia um corredorzinho e ia lá para o salão nobre. E aí ela pegava uma bebida, o cigarro e íamos até uma janela. Havia uma espécie de terracinho onde se podia ficar. Patrícia me contava histórias, e pensei a certa altura que ela as inventava para me distrair. Mas eram todas verdadeiras. Os testemunhos de suas viagens. Por exemplo, o imperador que era da minha idade, pequeno como eu e que, coitado, era proibido de sair de casa. Vivia na Cidade Proibida como se fosse prisioneiro. Nos dava pena, a mim e a ela. Tinham ficado amigos. De quem falava? Ora, fui entender depois que era de Pu Yi, último imperador chinês, a cuja coroação assistiu e de quem recebeu sementes douradas de soja. Por que me chamava para o salão nobre com ela? Talvez porque quisesse beber e fumar sem ninguém ficar chateando porque fazia mal para a saúde dela. Ela já não gozava de boa saúde quando chegou a Santos. Havia passado por todas as prisões, sofrido tortura, tentado suicídio. Então provavelmente ficavam de olho, dizendo coisas como: "Não fume", "Não beba". Antigamente fumar fazia parte de você deixar de ser criança para virar adulto. Naquela época não existia o conceito de adolescência. Ou se era criança, ou adulto. Tinha aquele momento: agora você já é uma moça. Fumava-se para marcar essa mudança.

PATRÍCIA TINHA O COSTUME de, quando saía do expediente no jornal, ali pelo fim da tarde, ir se sentar no Bar Regina, em frente à praça da Independência, esquina com a rua Marechal Deodoro. Atrás, ficava o

Cine Atlântico. O bar tinha um balcão extenso aberto para a praça e suas mesinhas e cadeiras metálicas de armar ocupavam o espaço da calçada. Tudo coberto por uma marquise de concreto. E ali Patrícia ficava à disposição dos mais – ou menos – jovens envolvidos com arte e cultura. Lembro que ela fumava e tomava cuba-libre. Acho que era isso mesmo. Meu amigo Pedro Bandeira, porém, se recorda de ela beber Samba, um drinque com cachaça e Coca-Cola.

Era ali no Bar Regina que minha amiga Patrícia se sentava praticamente toda noite, e eu, mesmo menor de idade, já frequentava porque me sentia autônoma desde muito cedo. Bastava a gente passar ali e conversar com ela. E lembro também que, quando era um pouco mais tarde, chegavam os meninos do Partido Comunista e botavam a gente para fora. Ela não era mais do partido, estava mais para trotskista ou anarquista. Mas os meninos do Partido Comunista viviam a cercando, e ela demonstrava sempre uma paciência incrível. Tinha um olhar triste, sim. O pessoal fala de olhos mortiços. Mas ela tinha um jeito assim, triste. Nunca a vi espevitada, tampouco serelepe, como se dizia de quando a chamavam Pagu. Pelo contrário. Quando morreu tinha apenas 52 anos e parecia bem mais velha. Naquela época, quando se fazia quatro ou cinco décadas, todo mundo parecia mais velho. No caso dela, creio que o sofrimento tornava o peso da idade ainda mais agudo.

Convivi com Patrícia, nesses primeiros anos, no Teatro Coliseu e no Bar Regina. Olhos baixos, quase sempre coberta por um casaco de lã ou pele, ficava ensimesmada até ser interrompida por alguém que se sentava à sua frente para conversar. Não a via durante o verão. De dezembro a fevereiro, minha família ia para Belo Horizonte. Então essa coisa do casaco provavelmente era no outono. E fazia frio em Santos. Não é que fosse um frio enorme, mas para ela talvez sim, pelas condições precárias de saúde. Fecho os olhos e a vejo de casaco. Plínio Marcos era outro amigo que estava sempre por lá, antes de se tornar o dramaturgo famoso, e também se lembrava bem dela. Escrevi para minhas amigas Lia Freitas Guimarães e Marisa Lajolo, e elas me disseram que não conversavam com Patrícia. Acho que era algo que dependia muito de ir ao Bar Regina, e talvez os rapazes se sentissem mais livres para abordá-la.

Na minha infância, lembro que escrever, declamar e desenhar eram atividades afins. As artes em geral, como a música e o teatro, estavam próximas da literatura. Não é difícil entender como se constitui uma multiartista como Pagu, como era no tempo dos modernistas. A própria realidade social e cultural daquele grupo de pessoas permitia. Todo mundo que fosse para a escola aprendia poesia de cor. A lição de casa era ler poemas dos livros escolares e decorá-los. E se desenhava muito, também. Como não existia televisão – e quando a televisão chegou só passava raio e trovoada, era uma coisa muito sem graça –, o nosso divertimento era em grande parte produzido pela gente mesmo. De certo modo fomos perdendo isso.

É o que lembro: a minha vida todinha, de infância e adolescência, repleta de poesia declamada ou proclamada. De teatro também. O caminho para experimentar era simples. As famílias que tinham educação escolar eram minoria. Não que as pessoas não quisessem ir para a escola: é que não havia escola. Eu me lembro, ainda na minha geração, nos anos 1950, de que era mais difícil entrar no Colégio Estadual para fazer o clássico ou o científico do que entrar numa faculdade. A barreira estava muito antes, entendeu?

E claro que toquei violão. Todo mundo que tinha um violão tocava. E mesmo quem não tinha violão tocava violão também, não precisava estudar. Quando apareceu a bossa nova, aí teve a febre. Quem tinha violão ia para o jardim da praia. A gente sentava em volta, debaixo de uma árvore, e todo mundo começava a tentar aprender a batida. Sabe? Isso era uma coisa, assim, fenomenal.

A educação da gente era toda baseada no princípio de que todo mundo nasceu para ser artista. É uma coisa especificamente humana: produzir belezas inúteis. Só que no capitalismo isso não funciona; com a ideia de mercadoria, é preciso abafar o talento, e só aqueles mais rebeldes é que enfrentam a barra. Tenho como utopia que um dia os robôs vão ficar com o trabalho, o produto deles será distribuído igualmente e nós teremos mais tempo para fazer arte. Acho que não é maluquice total porque tem muito a ver com a minha experiência de vida, ver a capacidade das pessoas de criar belezas em toda a sua inutilidade.

OSWALD DE ANDRADE, lembro só de vê-lo. Geraldo Ferraz, eu conheci muito bem. Teve um período em que ele e Patrícia moravam na mesma quadra que a minha avó, e a gente passava o fim de semana ali. Acho que a casa deles ficava na mesma calçada, mas minha prima disse que era em frente. Às vezes, Geraldo passava por ali e, se papai o visse, ficavam os dois conversando no portão. Uma vez chamaram o papai de dentro da casa. Um dia alguém comentou: "Estão ali o Gordo e o Magro conversando, isso não acaba hoje."

Sei que papai gostava muito do Geraldo porque ambos eram muito cultos. Naquele tempo muito pouca gente lia. Tanto que a minha família – que tinha sido muito rica e perdeu tudo, eram os maiores comissários de café de Santos e sucumbiram na crise de 1929 – vendeu tudo o que tinha: os móveis, tudo, tudo, tudo, exceto os livros.

Os livros chegavam pelos navios, que iam e vinham de todo lugar. Todo mundo ia visitar as embarcações, fazer compras lá, porque não era preciso pagar imposto. Era facílimo. Eu ficava sabendo dos lançamentos pelo rádio. Por exemplo, o novo da Simone de Beauvoir, *O segundo sexo*. Eu queria ler esse livrinho e meu pai pediu para um comandante de navio trazer. E muitas vezes eu decidia ler esses livros franceses por indicação da minha amiga Patrícia.

Não sei se você já viu o alojamento dos marinheiros em algum navio de carga. É uma coisa minúscula. São três beliches. E depois tem uma estantezinha de 40 centímetros de largura. E o que o marinheiro fazia nas horas vagas? Tocava gaita de boca, sanfona e lia. Como as tripulações dos navios de carga eram basicamente internacionais, era preciso ter livros de várias línguas. Então, em uma travessia que levava vinte dias, eles já esgotavam os livros. Tinha uns sebos no cais de Santos onde os marinheiros trocavam os exemplares; assim, lá havia livros do mundo inteiro. Eu lembro de uma vez que achei, aos 12 anos, um livro chinês. Comprei, cheguei em casa e todo mundo: "O que é que você vai fazer com um livro chinês?" Não pensei exatamente no que fazer com o livro, só que ele tinha vindo do outro lado do mundo, da China, imagine. Eu tinha um apreço por aquele livro chinês, sabe?

EM SANTOS HAVIA essa elite ilustrada. Tinha aquela coisa de internacionalidade, porque a cidade recebia gente do mundo inteiro. Primeiro, por causa do porto do café. Havia os portugueses. Depois tinha os japoneses que chegaram lá em 1908 e ficaram no sopé da Serra do Mar, plantando banana e verdura. E estrangeiros de todo lugar. Na quadra em que eu morava, tinha gente de oito nacionalidades diferentes, sabe? A criançada pulava de muro em muro – eram todos muros baixinhos – atrás de pés de frutas como abiu, carambola e goiaba, e assim ouvíamos todas as línguas e também vocabulário próprio cultivado em Santos.

ROLÊ NO TEATRO COLISEU

Desde a Primeira Guerra Mundial havia muitas mulheres europeias que trabalhavam como preceptoras. Meu avô teve sete filhos, e cinco eram mulheres. Não havia escola secundária para as meninas em Santos no começo do século, e ele não queria enviá-las para um colégio interno na capital, então contratou uma senhora francesa e uma senhora alemã – as duas competiam entre si e nunca quiseram aprender a falar português, porque acreditavam que a sua missão era "civilizar" a nossa família. Eram pessoas de casa, e quando nasci ainda estavam conosco.

No meu bairro de infância também havia muitos judeus, vindos de tudo quanto é país. Porque eu nasci durante a Segunda Guerra Mundial. Meu pai tinha amigos médicos fugidos do nazismo. Até conseguirem revalidar seus diplomas, era ele quem dava cobertura legal para que pudessem exercer a medicina antes de seus documentos estarem em ordem.

Logo que acabou a guerra, o porto de Santos começou a ser o meio do mundo. Observando bem, está no centro do Oceano Atlântico Sul. E agora eu vivo em João Pessoa, o Extremo Oriental das Américas. Sinto-me mais perto da África e da Europa do que de São Paulo. Não me refiro exatamente à distância em quilômetros, e sim ao sentido da localização. Nos entrecruzamentos está meu destino, portanto.

Meu pai não quis saber de café. Quando meu avô morreu, bem na crise internacional, meu pai estudava medicina no Rio e não conseguiu mais se manter. Como residente no Miguel Couto, recebeu uma oferta de emprego de faxineiro de laboratórios. Das sete ao meio-dia, estava na faculdade, na Praia Vermelha. Do meio-dia às seis da tarde, atuava na residência médica do hospital, no Leblon. Das sete à meia-noite, fazia limpeza nos laboratórios, em Manguinhos, um serviço para poucos, pois era preciso ter conhecimento para não estragar os experimentos. De volta a Santos, viu a mãe e as irmãs lecionando francês e alemão para os que tinham permanecido ricos. Meu pai estudava, estudava e andava pelas praias, pelos morros, atendendo o povo gratuitamente.

A sensibilidade para com as injustiças eu adquiri em casa. E como papai gozava da reputação de gênio, tornou-se o médico de todos os médicos, e ninguém precisava pagá-lo. Tanto acontecia isto, que a gente nunca tinha dinheiro. Mas era uma vida aventurosa. Quando queria um sapato novo, papai me dizia: "O sapato novo agora? Ou quer conhecer o Maranhão nas férias?" Eu queria conhecer o Maranhão. A gente não tinha dinheiro, porém tinha um monte de coisas que o dinheiro não compra.

NAQUELE TEMPO, nos anos 1950, era moda ser do Partido Comunista. Santos era uma cidade muito de esquerda por causa do porto e dos estivadores, historicamente conscientes de suas lutas e envolvidos nelas. Porto Vermelho era chamada de Moscouzinha. E então vários dos meus amigos adolescentes começaram a entrar para a Juventude do Partido Comunista. Aí fomos ver o que era isso. Fui lá conversar: "Olha, como é que é esse negócio de Juventude Comunista?" Um amigo me levou e falou: "Se você quiser participar, se inscreva aqui. Venha para as reuniões, você vai receber a formação e não sei o quê." "Então tá ótimo", respondi. E foi assim que entrei.

Já de volta, em casa, contei: "Pai, entrei na Juventude Comunista." Ele falou: "Você perdeu a fé, minha filha?" Expliquei: "Não, pai, não perdi a fé, mas quero ver o que é aquilo." Aí meu pai disse: "Bom, então você precisa ler *O capital*, de Carlos Marx." Perguntei: "Mas cadê ele?" Ele respondeu: "Vou comprar." Mas não achou nas livrarias e acabou encomendando de um comandante de navio amigo dele. Fez o pedido por rádio – a gente usava muito esse meio para se comunicar, era o que havia naquele tempo. Ele pediu ao oficial que, se passasse por Marselha, comprasse um exemplar, porque eu lia em francês sem problema.

Dali a uns vinte dias, o livro chegou. E fui eu para a reunião com o exemplar. Quando me viu, o chefinho do grupo perguntou: "Mas o que é isso que você tem aí?" Eu falei: "É *O capital*, do Carlos Marx, estou lendo." Ele encrespou: "Não, você não pode ler isso ainda, não. Você não está preparada. Não está formada para isso. Não pode. Você só pode ler isso quando o partido te der licença. Não é assim. Tem que primeiro receber a formação para não interpretar errado." Eu logo respondi, sem hesitação: "O quê? Meu pai, que é católico de comunhão diária, nunca me proibiu de ler nada e foi ele que me deu esse livro." Agora os caras não querem me deixar ler um livro? Não. Tchau e bença.

A Juventude Comunista não dava, e eu tinha uma amiga que estava na JEC, a Juventude Estudantil Católica, uma associação muito ligada às questões sociais do país, de atuação vista muitas vezes como política. Perguntei para ela: "Na JEC, a pessoa pode ler a Bíblia?" Ela disse: "Não só pode como deve. Tem que meditar todo dia sobre um trecho da Bíblia." Pensei: Então eu vou pra JEC.

Contei essa história do Marx para a minha amiga Patrícia, que me disse: "Fez muito bem, nunca deixe homem nenhum mandar em você." E completou: "E se você for uma católica como seu pai, vai dar certo." Na sua frase, o reconhecimento do trabalho social intenso que meu pai fazia como médico. Nunca me esqueci desse diálogo com ela.

2. TODOS OS NOMES

SÓ FUI SABER quem era Pagu quando fiquei um pouco mais crescida. Minha amiga Patrícia continuava ali na frisa ao lado. Cansei de ver espetáculos maravilhosos, como os de Marcel Marceau e suas mímicas, o Ballet Bolshoi, a Comédie-Française. Assistia a tudo! E ela sabia de cor trechos e trechos de Pirandello. As colunas que assinava n'*A Tribuna* nos ajudavam a entender de literatura e de teatro, afora a agitação toda em prol da cena que exercia nos bastidores. Fui crescendo, até que ouvi alguém sussurrar "Pagu", referindo-se a Patrícia pelo nome que ela não gostava mais de usar. Estranhei aquele Pagu.

Minha irmã Vitória lembrou-me esses dias de que o episódio se deu numa vez em que Patrícia passou pela calçada e alguém disse: "Se o lar de Tarsila vacila/ é pelo angu da Pagu." Isto é coisa que Oswald escreveu num guardanapo quando estava apaixonado, fazendo-lhe a corte. Vitória e eu tentamos descobrir do que se tratava e entendemos que Pagu era a Patrícia que conhecíamos e a frase se referia a uma história anterior à sua vinda para Santos. O que importa mesmo é que a partir desse acontecimento descobri seus livros.

De todos os nomes que teve, foi Pagu que a tornou célebre. Zazá era seu apelido de família; a mãe, Adélia, que inventou. Geraldo Galvão a chamava de Pat. Patsy foi o nome que, aos 15 anos, escolheu para assinar ilustrações no *Brás Jornal*. Depois virou Pagu porque Raul Bopp pensou que se chamava Patrícia Goulart. Naqueles dias o apelido parecia bem-vindo, tanto que escreveu *O álbum de Pagu ou Pagu: nascimento, vida, paixão e morte*, com 28 páginas de poemas e ilustrações, que não chegou a publicar, mas deu de presente a Tarsila do Amaral, a quem dedicou a obra. As duas se gostavam muito. Dessa época, o final da década de 1920, é também *Sessenta poemas censurados*, que tampouco quis publicar, dedicado ao diretor da censura cinematográfica. Mas foi com o pseudônimo Mara Lobo, por determinação do partido, que estreou na literatura, ao lançar *Parque industrial*. Depois usou Ariel, nas *Crônicas de Ariel*. Em colunas na imprensa cultural, assinou muitas vezes com as iniciais P.T. e P.G., e como Solange Sohl fez poemas. Houve um momento em que ressuscitou Mara Lobo para publicar textos n'*A Tribuna*. Adotou King Shelter em contos policiais saídos originalmente na revista pulp *Detective*, dos Diários Associados. O filho Geraldo Galvão Ferraz a chamava de Maú. Devo me lembrar de outros nomes à medida que gravo essas memórias ditadas.

O uso de pseudônimos é comum na história da literatura escrita por mulheres. Era uma forma de não se expor. De não expor as famílias. Os maridos não queriam que usassem seus nomes de registro porque não ficava bem que uma mulher escrevesse. Escrever com pseudônimo masculino não só despistava como dava credibilidade. Uma história interessante é a de Cacy Cordovil. Casou-se com o filho mais novo do meu tio Vicente de Carvalho, o Mimi. Escreveu um livro de contos maravilhoso, *Raça*, publicado pela editora Globo de Porto Alegre, em 1931. E depois, em 1941, lançou o segundo livro, *Ronda de fogo*, pela

José Olympio. As duas, editoras prestigiosas. Dois ou três meses depois, ela se casou e nunca mais publicou nada. Deixou um volume inédito de poemas ao morrer. Veja que seu nome inteiro era Maria Cacimira de Albuquerque Cordovil Vicente de Carvalho. Cacy não dava a entender se era mulher ou homem. Recebeu elogios. Depois descobriram que era uma mulher. Tem texto até do Monteiro Lobato dizendo: "Imagine descobrir que Cacy Cordovil é mulher!" O que mostrava, segundo Lobato, que mulheres podiam escrever sem sentimentalismo, com *directness*. Sabe?... Vamos e venhamos.

Na minha família santista todo mundo escrevia. As mulheres escreviam, mas não publicavam. Só quem publicava, das minhas tias e primas, eram as solteironas. A filha do tio Vicente, a Vicentina de Carvalho, que virou nome de praça – Botão era seu apelido –, também só publicou muito mais tarde. Tenho o único livro dela, *Sonhos mortos*, ali na minha estante só de livros da família. E uma coisa interessante, algo raríssimo, publicou com o nome verdadeiro, só que apenas quando contava já 60 anos. A outra foi minha tia Maria José Aranha de Rezende. Quando publicou *Rosa desfolhada*, seu primeiro livro, o Geraldo Ferraz, que a essa altura já era crítico literário, disse: "Maria José Aranha de Rezende, isso lá é nome de poeta?" Mas depois ele leu e se retratou: "Não importa o nome, é poesia, sim." Já procurei esse texto do Geraldo Ferraz e não consegui achar assim, fácil. Mas houve esse texto, tanto que a minha tia ficou amiga dele depois de lê-lo. Talvez tenha sido na resenha sobre *Fonte sonora*, obra que recebeu aclamação da crítica. A memória às vezes falha. Claro que Pagu era um apelido de outro tipo: a *femme fatale*, o mito. Mara Lobo foi uma decisão do partido para que ela, sendo militante, não ficasse exposta, o que colocaria em risco todos os demais caso caísse, como se diz no jargão quando militantes são pegos pela polícia e obrigados a dizer o que sabem. Patrícia adotou esses tantos pseudônimos por qual razão? Essas tantas *personas* me parecem mais um resultado inventivo e, afora Mara Lobo, nada que significasse autocensura ou receio do que fosse.

O mito Pagu se deu porque exibia mais do que ar de mistério, batom ou figurino assim ou assado, ou ainda a tal beleza invulgar, associada a uma atitude corajosa para se posicionar, diferente da das mulheres de seu tempo, acanhadas e obedientes. Quem reparar bem nas tantas fotos que fizeram dela, ou nos quadros de Di Cavalcanti, Flávio de Carvalho e Portinari... Tem de reparar bem. Ou talvez isso seja óbvio para quem olhar sem aquela mentalidade patriarcal. Reparando bem, a sensibilidade social está estampada em seu semblante. Está na atitude, na postura, na ação. Creio que atuou como uma militante irredutível. De início, a sua militância fora política, depois, cultural, sobretudo nas duas décadas em que convivi com ela em Santos. O modo como se entregou às grandes causas é o que torna sua presença arrebatadoramente vital e tão influente até hoje. Pagu nos inspira de muitos modos.

A MINHA AMIGA PATRÍCIA, como fui lendo a seu respeito, não era santista, apesar de tão identificada com a cidade. Nasceu em São João da Boa Vista, no dia 9 de junho de 1910. A mãe, Adélia, e o pai, Thiers, tinham já dois filhos, Conceição e Homero. Depois de se transferirem para a capital, nasceu Sidéria, que conheci bastante. Sidéria era sua grande amiga, "Sid é como se fosse eu mesma", ela escreveu numa carta. Viveram na Liberdade, no Brás, na Vila Mariana. A família experimentou altos e baixos financeiros, sem deixar de incentivar nos filhos o gosto pela educação e cultura.

Entre as mocinhas comportadas ou mais tímidas, Patrícia chamava a atenção, ainda nos primeiros anos de escola, pelo atrevimento, e as mães das coleguinhas ficavam ressabiadas com sua presença. Uns dizem que foi aos 12 anos, outros contam que aos 17, que teve uma paixão proibida por um homem mais velho, Olympio Guilherme, um jornalista d'*A Gazeta*. Perdeu um bebê e o caso desandou. Euclides, o segundo namorado, lhe pediu em casamento, vínculo imediatamente aprovado pela família, não fosse a tragédia da morte desse novo partido por pneumonia. Ainda jovenzinha despertava seus amores.

Sua trajetória escolar se deu de modo semelhante ao de outras mulheres que podiam estudar naquela época. Aos 18 anos, recebe o diploma da Escola Normal, frequenta as do Brás e da praça da República. Eu também fiz Escola Normal e achei fabuloso, porque oferecia uma variedade de campos de estudo muito grande, como filosofia, sociologia, psicologia, história, história da educação, numa formação que me parecia mais ampla do que a do curso clássico ou do científico. O que havia eram os cursos clássico, científico, e a Escola Normal. E tinha muita gente que fazia o curso de secretariado. As áreas de trabalho para as mulheres eram escassas; as poucas que trabalhavam eram professoras, secretárias ou tradutoras.

O primeiro poeta que conhece é Guilherme de Almeida, secretário da Escola Normal do Brás. Depois, Raul Bopp, poeta modernista, outro apaixonado, a acompanhava na saída do Conservatório Musical, que frequentava com a irmã Sidéria e era um dos hábitats de ninguém menos que Mário de Andrade. Bopp não só criou o apelido Pagu, como uns versos que ficaram célebres: "Pagu tem os olhos moles/ Olhos de não sei o que/ Se a gente está perto deles/ A alma começa a doer." Essa coisa de musa é mesmo uma baboseira. Prefiro a Patrícia Galvão educadora com quem convivi.

Nas minhas prateleiras preservei tudo o que saiu de Pagu e sobre Pagu, e para gravar estes áudios que serão transcritos para compor o livro coloquei a casa abaixo, e a Graça acha que essa gripe terrível que me arriou deriva da poeira que levantei. Noto que as primeiras colaborações de Patrícia para a imprensa foram desenhos. Não apenas no *Brás Jornal*. Já frequentadora das rodas modernistas, particularmente a casa de Tarsila e Oswald, em 1929, ilustra também na *Revista de Antropofagia*. O desenho veio antes da escrita. E então ela começa a escrever o diário com Oswald, a quatro mãos: *O romance da época anarquista ou Livro das horas de Pagu que são minhas*.

Nesse período inicia-se o tão famoso vínculo que lhes daria um filho, Rudá.

Houve também a curiosa artimanha de um primeiro casamento, em 1929, com o pintor Waldemar Belizário. Um compromisso pró-forma e, após a cerimônia civil, Oswald recebeu a noiva das mãos de Belizário, no alto da Serra de Santos, na estrada. Enquanto o pintor voltava para São Paulo, Oswald e seu filho Nenê se juntavam a Patrícia rumo à praia. O casamento com Belizário é anulado, e ela inicia o caderno de croquis com paisagens de cidades brasileiras. Temos de fazer justiça a Belizário: foi um dos pintores esquecidos da Semana de 22.

Revi recentemente as fotos do casal, Pagu e Oswald, em cima de pedras da Bahia, ocasião em que conheceram o grande educador Anísio Teixeira, um revolucionário na área. Patrícia chega a perder um bebê de Oswald, antes da gravidez de Rudá. Há outro episódio interessantíssimo, o da cerimônia peculiar que fazem, ela e Oswald, para selar sua união, no cemitério da Consolação, diante do jazigo da família dele. Somente depois se casam de fato numa igreja.

Pagu e Oswald também aprontam uma grande confusão ao criarem o jornal *O Homem do Povo*, em 1931. Pagu publica nele ilustrações e assina a coluna feminista "Mulher do Povo". O tabloide satírico seria proibido pela polícia após oito números polêmicos que valeram o empastelamento do seu escritório por estudantes da Faculdade de Direito do Largo de São Francisco.

No mesmo ano ingressa no Partido Comunista, e aí se dá a sua primeira prisão, em 23 de agosto, na praça da República, em Santos, ao participar de um comício em protesto contra a condenação dos anarquistas italianos Nicola Sacco e Bartolomeo Vanzetti. Um estivador negro morre em seus braços, fuzilado pela polícia getulista. Pagu é levada para o cárcere na praça dos Andradas, e hoje a cadeia é um centro cultural que leva o seu nome. Lembro que passávamos perto da praça dos Andradas para comprar chocolate e ver bicho-preguiça nas árvores. Meu pai dizia: "Patrícia Galvão esteve presa aqui." Então, para mim, ali ficou sendo o lugar onde Patrícia Galvão esteve presa. Toda vez que passo por lá, até hoje, me lembro dela.

Em 1932, morou em uma vila operária no Rio de Janeiro, tendo ofícios de lanterninha de cinema e tecelã. Estava debilitada quando escreveu o romance proletário *Parque industrial* e a peça de teatro homônima. A edição foi financiada por Oswald. Mencionei esses acontecimentos rapidamente para lembrar como nasceu a Pagu escritora, depois de se tornar normalista e ilustradora, iniciando sua trajetória de autora de romance como parte da militância política. Devo retornar aos bastidores disto. Para encerrar por ora a gravação desta manhã, vale dizer que se trata do primeiro romance proletário brasileiro. Depois tentaram dizer que foram *Cacau* e *Suor*, de Jorge Amado. Nada disso: Pagu foi pioneira. Acho que até Jorge Amado concordaria com isso.

UMA COISA EU TENHO certeza de que existe muito, que é desse tempo, e mesmo de antes desse tempo: a escrita de mulheres. Não tenho mais pique para essas coisas, no entanto dá uma vontade grande de fazer uma campanha para recuperar os baús das avós. Porque as mulheres escreviam, disso eu tenho certeza. As mulheres escreviam, muitas vezes escreviam no próprio livro de receitas. Então você tinha uma receita de pastel e, em seguida, um poema. Tudo isso ficou perdido porque, evidentemente, não tinha cópia, era aquele original e pronto. E eu acho que esses textos ainda existem, em algum lugar, em algum baú de guardados perdidos. Pode ser ilusão minha, pode ser que as traças já tenham comido tudo, mas eu tenho essa certeza e acredito que, se todo mundo fosse vasculhar, descobriria que suas mães, avós e bisavós eram escritoras.

Às vezes fico pensando: como aconteceu tudo isso de eu fazer literatura sem querer? Porque na verdade eu virei escritora de ficção por acaso. Sempre me achei muito mais com tendência para as artes plásticas: como Pagu, depois da Escola Normal, eu desenhava e pintava. E a literatura foi como uma continuidade daquilo que eu tomei como minha vocação principal, a de educadora popular. Assim como aconteceu com ela, comigo foi uma decorrência de uma militância, a minha, social-religiosa. E da sorte enorme que tive, de ter nascido na família em que nasci, porque isso é uma coisa que não posso esquecer, esse privilégio. E tive uma sorte danada de muito cedo na minha vida ter tido contato com o Paulo Freire. Não queria ter nascido um dia antes, nem um dia depois, nem em outro lugar. Porque eu tive a oportunidade de encontrar pessoas que fizeram meu mundo muito grande desde muito cedo.

A princípio eu realmente pensava em desenhar e pintar, assim como se deu nos primeiros experimentos de Patrícia. Parece contraditório o que vou dizer agora, mas eu também achava que escrever livro era uma coisa que todo mundo ia fazer um dia na

Em Santos, o Teatro Coliseu foi palco dos grandes espetáculos internacionais na primeira metade do século 20. Em frisas vizinhas, ficavam Patrícia Galvão, atuante colunista do jornal *A Tribuna* e incentivadora não só da literatura como também do teatro local, e Maria Valéria Rezende, ainda menina, acompanhada pela família. Na década de 1970, data desta foto, o Teatro Coliseu teve parte do seu prédio ocupado por estabelecimentos comerciais. À esquerda, funcionava um bar. À direita, uma loja de tintas e uma gafieira. Na lateral, onde se veem toldos, havia uma farmácia.

Patrícia Galvão contava 12 anos quando ocorreu a Semana de 1922, por isso não teve como participar do movimento de vanguarda que marcou a cultura do país. Antes de completar sua segunda década, no entanto, já havia se tornado amiga dos modernistas. De um deles, Raul Bopp, ganhou o seu apelido de "musa", Pagu. Com Oswald de Andrade, se casou e teve seu primeiro filho, Rudá de Andrade. Àquela altura, estava profundamente envolvida com o Partido Comunista, enfrentando uma vida na clandestinidade, entre fugas e prisões.

© Arquivo Edgard Leuenroth / Unicamp

Pagu sempre escreveu, mas estreou na militância artística como desenhista. À direita, abaixo, sua primeira colaboração para a *Revista da Antropofagia*, publicada de março a agosto de 1929. Influenciada pela amiga Tarsila do Amaral, fez o seu *Caderno de croquis*, com 22 desenhos de paisagens e cenários de cidades brasileiras, concluído no ano seguinte.

Pagu e o filho Rudá, então com 1 ano, desfrutam sua amada praia de Santos, em 1932. A cidade, conhecida como "Moscouzinha", tinha atmosfera politizada devido à organização dos estivadores. Nela, Pagu descobriu o fervor político e, nos últimos anos de vida, retornou para atuar como colunista influente na imprensa. Estava no segundo casamento, com o jornalista Geraldo Ferraz. Da união nasceu o segundo filho, Geraldo Galvão Ferraz, o Kiko.

Imagens | © Lúcia Texeira | Centro Pagu Unisanta

© Acervo Geraldo Galvão

Já autora de *Parque industrial*, em 1936, Pagu fica atrás das grades. Não seria a primeira vez nem a última. Os anos de enfrentamentos com a polícia política – e com a tortura – lhe deixaram sequelas profundas. Uma delas foi a tentativa de suicídio que deixou para sempre vestígios de bala incrustados em seu rosto. A severa investigação policial sobre sua atuação política só chegaria oficialmente ao fim em 27 de abril de 1982, quase 20 anos depois de sua morte. A foto acima é do prontuário policial, de nº 1053, da Delegacia de Ordem Social. No total, Pagu foi presa 23 vezes.

JUSTIÇA ESPECIAL
TRIBUNAL DE SEGURANÇA NACIONAL

MANDADO DE PRISÃO

na forma abaixo:

O DESEMBARGADOR FREDERICO DE BARROS BARRETO Presidente do Tribunal de Segurança Nacional. MANDO à autoridade a quem este for apresentado, indo por mim assinado, que, em seu cumprimento e no da decisão proferida pelo Tribunal, em sessão de hontem, prenda e recolha ao presidio ou estabelecimento que parecer mais conveniente à segurança pública, à ordem e disposição deste Tribunal PATRICIA GALVÃO -

visto ter sido condenado a dois anos de prisão celular, gráu maximo do art. 20 da Lei n. 38 de 1935.

O que cumpra sob as penas da lei.

Eu, _____ o subscrevo.

Rio de Janeiro, D. F., 22 de Novembro de 1938.

O PRESIDENTE DO TRIBUNAL DE SEGURANÇA NACIONAL,

Mandado de prisão expedido pelo Tribunal de Segurança Nacional, no Rio de Janeiro, em 22 de novembro de 1938. Referia-se a uma condenação de dois anos, porém Pagu acabou cumprindo tempo extra por ter se recusado a cumprimentar com bajulações o interventor federal Adhemar de Barros, que visitava a Casa de Detenção onde estava presa.

Educadora popular desde 1965 como parte do seu trabalho na Congregação de Nossa Senhora – Cônegas de Santo Agostinho, Maria Valéria Rezende sempre foi admiradora do método Paulo Freire e o aplicou não só no Brasil como também no exterior.

Numa de suas missões, passou um período em Cuba, e não raras vezes teve Fidel Castro como seu interlocutor.

Imagens | © Acervo pessoal Maria Valéria Rezende

Como religiosa, nunca houve atuação partidária. No entanto, integrou o grupo que ajudou a salvar vidas durante a ditadura civil--militar brasileira iniciada na década de 1960. Ia e vinha, levando mensagens de presos políticos até suas famílias, de maneira que seus documentos fossem obtidos e pudessem sair do país.

No ano 2000, sua missão a levou até o Timor Leste.

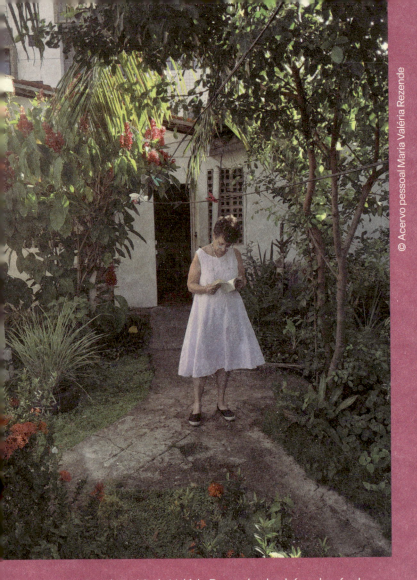

© Acervo pessoal Maria Valéria Rezende

Santista, Maria Valéria Rezende vive há meio século no Nordeste. Primeiro, na zona rural, sobretudo na região denominada Brejo Paraibano. É no bairro de Bancários, em João Pessoa, que vive hoje, ocupando a casa da sua congregação. Há duas décadas, iniciou sua trajetória de escritora, tendo recebido prêmios como o Casa de las Américas, Jabuti, Oceanos e São Paulo de Literatura.

vida. Você fazia 7 anos, seus dentes caíam e você se preparava para a primeira comunhão. Aos 15 anos, ia no primeiro baile de vestido comprido, naquele tempo. Depois terminava o colégio, ficava noiva, casava... escrevia um livro. Depois eu descobri que não. Quando era criança, eu fazia meus livros. Cinco, seis exemplares. Batia à máquina, desenhava: um exercício artístico que incentivava o trabalho com as mãos. Havia o sarau da família em que se liam livros. Na minha família, um capítulo por noite. E meu avô escondia a obra que estava sendo lida, para a gente ficar esperando a hora de ouvir a continuação. Ou se recitavam poemas.

Lembro que com 10 anos de idade eu já tinha lido, e sabia quase de cor, todos os livros de criança que havia na minha casa. O jeito foi começarem a me dar os de adulto. Vieram para as minhas mãos obras como *Helena*, *Iaiá Garcia*, *A mão e a luva*, todos de Machado de Assis. Li em dois tempos. Depois me permitiram ler o que quisesse, sob orientação discreta de meus pais, que tinham um truque. Nunca me proibiram de ler um livro, mas meu pai tinha uma regra: "Se você pegar um livro, tem de ler até o fim." E tinha de contar o resumo da história para o pai e para a mãe. Então, quando eu peguei *O crime do padre*

Amaro, me disse: "Pense bem se você vai querer ler esse daí. Você não vai gostar. Vai achar muito chato. Lembre-se de que terá de ler até o fim para fazer o resumo." Receosa, larguei aquele e escolhi outro.

Como a mais velha de seis, eu tinha de ajudar minha mãe a fazer dormir os meus irmãozinhos, que era o quê? Contar histórias. Então eu ouvia histórias, contava histórias, ouvia histórias, contava histórias.

Depois ia junto com meu pai ler para as crianças no morro do Saboó. Meu pai ia passando de casa em casa, como médico de família. Não tinha lugar nenhum para sentar e ler com as outras crianças. Então a gente descia correndo a escadinha do morro, que desembocava na porta do cemitério do Saboó. Íamos por dentro do cemitério, sentávamos nas campas debaixo de uns *flamboyants* e eu lia as histórias. Ao final, para retribuir, as crianças me contavam as que conheciam, de assombração. Era uma troca.

Quando eu me enveredei pela educação popular, qual era o meu método? Era fazer perguntas e ouvir as histórias. Muitas vezes eu pegava a história de um lugar, recontava em outro lugar, para perguntar: E aqui também acontece assim? Para suscitar mais histórias. Então, na verdade, eu não tenho nenhum mérito. Eu não invento nada. Só sou... Eu ouço daqui, conto ali. Eu sempre disse: Gostaria de botar, assim, na capa do meu livro, um rolo, que se desenrolasse com os nomes de todo mundo que é autor daquelas histórias. Porque eu tenho que reconhecer que não invento nada. No meu escritório, que eu chamo de meu bagunçório, há uma faixa de cobogó na parede que dá para a rua. Sento-me do lado de dentro, fecho os olhos e fico ouvindo o que dizem as pessoas que passam na calçada. Outro dia escutei um cara dizendo assim: "Ah, mas aquele ali também só tem cabeça para segurar os cornos, né?" Pronto. Para mim, isso daí, eu começo a imaginar: "Mas quem é que só tem cabeça para segurar os cornos? E é ótimo, né?" Outro dia eu estava lá, alguém passou falando assim: "Quem anda atrás de morcego acorda de cabeça para baixo." Não é sensacional?

Minha amiga Patrícia Galvão me contava histórias no Teatro Coliseu. Acho que aprendi também com ela, e fui aprimorando no sertão.

3. NA MILITÂNCIA

LI *PARQUE INDUSTRIAL* quando era adolescente. Quem me deu foi minha tia Maria José, a poeta e cronista, e que era considerada uma pessoa conservadora! Na verdade, ela estava metida com tudo e com todo mundo e, quando me deu o livro, estava difícil de encontrá-la, talvez por motivos políticos. Essa tia, Plínio Marcos nos contou depois, fez correção ortográfica de *Barrela*. Fui xeretar os ensaios sobre *Barrela*, que só teve uma apresentação e foi censurada. Àquela altura eu também montava peças dentro do colégio. O caldo cultural em que estávamos mergulhados nos levava a esse tipo de experiência artística, e minha amiga Patrícia era sem dúvida o nosso farol. Uma tal agitação teatral se formou em torno dela, que fez todo mundo querer fazer teatro.

Pagu vive numa vila operária e depois publica *Parque industrial*: disto tratamos na gravação de ontem destas memórias ditadas. Uma coisa me chama atenção e está no trabalho biográfico realizado por seu segundo filho, do casamento com Geraldo Galvão. Seu nome era Geraldo Galvão Ferraz, o Kiko, e o conheci bem. Fez o livro em conjunto com Lúcia Maria Teixeira Furlani, grande pesquisadora de Pagu. Kiko e Lúcia registraram que ela, menina sensível, observou atentamente o dia a dia dos trabalhadores e trabalhadoras no Brás, quando a família residiu numa casa modesta nos fundos da tecelagem de seda ítalo-brasileira. O cenário de *Parque industrial* é esse. O seu caminho até o Partido Comunista começa a se pavimentar ali. Não me parece certo pensar na Pagu como pessoa de família abastada que partiu para a vida política como uma inconsequente, como se tentou dizer na época. Kiko e Lúcia contabilizam em sua pesquisa 23 prisões: uma coisa assombrosa.

Não é de uma hora para outra que começa sua militância. Lembro das agitações de São Paulo logo após a revolução de 1930. Pagu faz parte do grupo que coloca abaixo a cadeia do Cambuci, onde há presos políticos. O movimento entrou para a história com o nome de "queda da Bastilha". Tem fotos desse episódio na internet. Pouco depois, segue para Buenos Aires, para recitais de poesia, disposta a se encontrar com Luís Carlos Prestes, líder tenentista exilado, o comandante da famosa Coluna Prestes. O encontro não dá certo e ela deixa uma carta com um amigo, Silo Meirelles, para entregar a Prestes, que ainda não se tornou o grande líder comunista. Também ele estava sem definição ideológica naquele momento. Nos dias portenhos, aproxima-se do grupo da revista *SUR*, um rol de intelectuais de vanguarda que inclui Jorge Luis Borges e Victoria Ocampo. É engraçado que se referem a Pagu como "a embaixatriz da Antropofagia". Quando retorna, desembarca no cais de Santos carregada de livros marxistas e propaganda comunista. Sua intenção é seguir para o Uruguai, no entanto, recebe um telegrama de Oswald dizendo que Rudá, com menos de seis meses, tinha adoecido. O casamento não ia bem por causa das aventuras extraconjungais do marido, e ela tenta se convencer de que podia se adaptar a padrões amorosos não burgueses, o que não dá muito certo.

Pagu faz traduções de folhetos para o líder comunista Astrojildo Pereira. A pedido de outro comunista histórico, Pedro Mota Lima, trata de convencer Oswald a entrar para o partido. O casal frequenta o apartamento de Mota Lima na avenida São João, que serve de *point* dos políticos de esquerda de São Paulo. Oswald e Pagu também abrem sua casa para reunir interessados pelas doutrinas comunistas. É quando resolvem editar *O Homem do Povo*, jornal de crítica econômica e social, que dura de março a abril de 1931, sediado na praça da Sé. Os textos de Pagu na coluna "Mulher do Povo" revelam sua insatisfação com aquelas que não se preocupavam com as grandes questões do mundo. Augusto de Campos, poeta concretista, fez um livro especialíssimo sobre ela, *Pagu: vida-obra*, que inclui, como diz o título, a obra dela. Traz, por exemplo, a coluna "Normalinhas", em que ela diz algo assim: "As garotas com probabilidade excepcional de reagir contra a mentalidade decadente estragam tudo e são as maiores e mais abomináveis burguesas velhas." E continua, muito brava: "Com um entusiasmo de fogo e uma vibração revolucionária poderiam, se quisessem, virar o Brasil (...). Mas D. Burguesia habita nelas e as transforma em centenas de inimigas da sinceridade." Prossegue: "E não raro se zangam e descem do bonde, se sobe nele uma mulher do povo (...)." Depois diz: "Ignorantes da vida e do nosso tempo! Pobres garotas encurraladas em *matinés* oscilantes, semi-aventuras, e *clubs* cretinos. (...) Acho bom vocês se modificarem pois que no dia da reivindicação social que virá, vocês servirão de lenha para a fogueira transformadora."

Não é apenas a coluna de Pagu, todo o conteúdo se pretende bastante combativo. Esse é o motivo de toda a confusão que se cria em torno do tabloide. Até que estudantes de direito, atingidos por um artigo de Oswald, invadem a redação e trocam socos com o casal. No livro do Kiko com a Lúcia, afirma-se que Pagu os recebeu de revolver em punho. A redação é empastelada e fechada pelas autoridades. Fugindo de mais barulho, seguem juntos para Montevidéu, e é assim que se encontram com Prestes.

A SAÚDE DE PAGU não era boa desde muito cedo. Na infância tivera confusões psíquicas, e mais tarde voltou a apresentá-las. Para se sentir melhor, pede a Oswald que aluguem um quarto no bairro do Boqueirão, em Santos. A sua grande paixão é o mar. Há muitos textos em que ela fala disso. Adorava o cheiro de maresia, e havia o azeite, os peixes fritos e o café santista. No entanto, não deixa a atividade política. Começa a frequentar as reuniões do Sindicato da União dos Trabalhadores da Construção Civil. Uma de suas tarefas é auxiliar na redação de um manifesto. Lembro aqui que, por essa época, ela ainda não era escritora. O passaporte a apresentava como "artista pintora". Nesses encontros políticos nasce a amizade com o estivador e ativista negro Herculano de Souza, que pede a ela que se junte ao grupo. Esse encontro com Herculano, a quem passou a admirar, a faz aderir completamente ao comunismo. Quando fundam o Socorro Vermelho, um ramo partidário de apoio a grevistas e militantes, é designada secretária, e é assim que passa a receber tarefas do partido.

A construção civil declara greve e Pagu é presa por fazer parte do movimento ilegal dos trabalhadores. Na delegacia, presencia o espancamento brutal de um companheiro. Contam que ela protestou e acabou por esbofetear o delegado de plantão, Sales Pacheco, que não reagiu. Assim, é transferida para a capital, retorna uma semana depois, e é de novo detida e reconduzida a São Paulo. O partido a envia a Santos, onde permanece. Vai morar na Ponta da Praia, num quarto alugado no chalezinho de dona Maria das Palmas. O partido exige da militância uma vida proletária. Pagu tenta trabalhar na tecelagem e consegue entrar para o grupo das catadeiras, junto com uma das filhas de dona Maria. Faz também um serviço suplementar de remendo de rendas de pesca e de costura de sacos.

É nesse período e conjuntura que ocorre o primeiro comício comunista do Socorro Vermelho, aquele em que Sacco e Vanzetti são o tema principal, na praça da República, em Santos. Herculano, seu amigo, é atingido por uma bala e agoniza em seus braços. Ali teria dito sua última frase: "Continue no comício." Pagu é a última a discursar e vai presa, junto com Leonor, cunhada de Herculano, de apenas 14 anos, que ganha a liberdade no dia seguinte devido à idade. Pagu permanece detida. De lá é transferida para a Imigração do porto de Santos, na época transformada em presídio. Oswald tenta se passar por seu advogado, mas é desmascarado e preso pela polícia, sendo logo liberado.

O partido a obriga a assinar um manifesto no qual declarava ter agido sem autorização, por motivos desordeiros e individualistas. Diziam que, por ser de origem burguesa e, portanto, não operária, sua prisão ocorre com bastante repercussão, o que seria ruim para a causa. Outra decisão do partido que ela tem de acatar é a transferência para o Rio. Usa o nome Clara Dolzani para viver num cortiço na vila operária na avenida Suburbana. De início, trabalha numa alfaiataria, mas não tinha muito jeito para a costura e sempre furava os dedos nas agulhas. Arruma outros empregos, na *Agência Brasileira* e no *Diário da Noite*. O partido quer que ela fique fora dos refletores, assim, seu trabalho intelectual nesses jornais é impedido. Arruma emprego como arrumadeira e copeira, e depois como funcionária na companhia Souza Cruz.

O projeto obreirista do partido exige que os intelectuais engajados experimentem o trabalho operário, isto é, se proletarizem. Ao mesmo tempo que são impedidos de exercer atividades intelectuais, são obrigados a se lançar em serviços simples. Portanto, Pagu trabalha como empregada doméstica, lanterninha, metalúrgica. Acumula essas funções com outra, ligada diretamente à atividade partidária: munidos de revólveres, militantes protegiam participantes das reuniões políticas. Na Conferência Nacional do Rio de Janeiro, passa três noites sem dormir, montando guarda, embora não soubesse manusear a arma.

A gota d'água se dá quando os comunistas pedem a ela que pare de ver Oswald e o filho, pois a comunicação entre eles é vista como suspeita. Pagu recebe missões que vão contra os próprios princípios e nas quais é duramente posta à prova: como membro do Comitê Fantasma, deve seduzir políticos para receber informações confidenciais. Precisa tirar dos amigos Eneida e seu companheiro, o operário Villar, a carta que enviariam à Internacional Comunista pedindo a readmissão no partido. Pagu tem de residir na Lapa, numa república de rapazes, e depois no Catete, dividindo o quarto com uma mulher que vivia de pedir esmolas. Sem se alimentar direito e com tantas privações, é internada no hospital Santa Catarina. O partido então decide depurar a presença de intelectuais entre seus quadros, o que faz com que seja afastada por tempo indeterminado. Volta a morar com Oswald e é aí que escreve *Parque industrial*. Uma longa jornada.

NOS MEUS DIAS de juventude, era costume se fazer a pergunta para as meninas: "Você já sabe se quer se casar ou virar freira?" Parece curioso isso, mas era uma questão comum. Na época, eu estava na Juventude Estudantil Católica e envolvida com ações educativas das Cônegas de Maria – Cônegas de Santo Agostinho – nas praias do litoral.

Existe uma tradição, desde o século XVI, XVII, de mulheres do convento que têm uma vida intelectual. Os conventos eram a possibilidade de viver de leitura e escrita. Existem ordens que incentivam o estudo das meninas e moças, como sempre foi o caso das Cônegas de Santo Agostinho, fundada na pequena cidade francesa de Mattaincourt, na noite de Natal de 1597, pela jovem Alix Le Clerc, que tinha bastante preocupação com a educação de meninas pobres. Ainda jovem comecei a me interessar por histórias de mulheres nos conventos e, também, de grandes autoras freiras, como Juana Inés de la Cruz.

Ao pesquisar, descobri que o fato de muitas mulheres irem para o convento era parte de um problema muito mais profundo que atingia a sociedade toda. Refiro-me à situação em geral da mulher na sociedade. Muitas não iam para o convento por vocação religiosa, mas sim porque eram mandadas pelos pais, para que estes economizassem os possíveis dotes que teriam de pagar se elas se casassem, e não terem de dividir suas propriedades em heranças. Juana Inés, no entanto, escolheu a vida religiosa porque queria ser livre para ler e escrever. No caso dela, é evidente: queria ir para a Universidade de São Marcos, mas o pai não deixou. Então ela foi para o convento, para poder ler e escrever o que quisesse. E eu fui descobrindo que, no fundo, isso era comum entre as que possuíam aspiração intelectual. Isso ocorreu com Teresa de Ávila e Hildegard von Bingen. Quer dizer, não queriam receber ordens de homem nenhum e queriam poder desenvolver suas capacidades de pensar e produzir. A vida religiosa era a única saída para as mulheres brancas que tiveram acesso à educação e desejavam ter uma vida livre. Ainda tenho caixas e caixas de documentos xerocados e livros para escrever mais uns dez livros sobre essa questão, além dos que já escrevi.

SOU FILHA DE UM médico que se dedicou a cuidar de todos, sobretudo de quem não tinha dinheiro. Mas posso dizer que, não sendo de origem operária, estive protegida econômica e socialmente num país de desigualdades imensas. A entrada na Juventude Estudantil Católica me levou ao caminho das Cônegas de Santo Agostinho, e ao voto de pobreza. Quando concluí os estudos, fui morar num bairro operário, na zona leste de São Paulo, em fins dos anos 1960. Reli naqueles dias *Parque industrial* e isso foi importante para mim, porque não havia outros meios de saber sobre a vida cotidiana de uma comunidade de metalúrgicos como aquela, e Pagu demonstrou isso muito bem na obra. Essa foi uma etapa formativa na minha vida, porque eu estava fazendo a escolha de me meter num mundo que não era exatamente o meu de origem. E a certa altura a minha situação começou a ficar muito perigosa, porque eu estava envolvida com a oposição sindical metalúrgica e tive de sair de lá, no final de 1971.

Na Vila Operária, comecei a fazer cartilhas educativas. Eu fazia resumos dos livros que os trabalhadores não conseguiam ler inteiros por falta de tempo. Livros sobre a questão operária, sociologia, história. Eu fazia os resumos com uma linguagem popular, e nos reuníamos para estudar juntos. Isso influenciou muito a minha vida. Resumia, fazia material mimeografado. E aí um rapaz de lá, da oposição sindical metalúrgica, foi preso e violentamente torturado. Tinha uma menina lá do bairro que era enfermeira no hospital do exército e ele disse para ela: "Avisa para a Valéria sumir, porque uma das coisas que mais me perguntam é quem é que faz esses livrinhos."

Não pude mais ficar nem na minha casa com as outras freiras. Inventaram um pretexto para me mandar para a Europa a fim de que eu fosse embora do país. Levei as cartas do Frei Betto, porque eu frequentava o presídio Tiradentes. Conto do começo: Eu tinha amigos cujas famílias não moravam em São Paulo e tinham me inscrito na Justiça Militar como representante deles. Então eu conseguia entrar no presídio. E lá os meninos, depois de certa altura, conseguiram licença para fazer artesanato. Então eles faziam uns cintos, que naquele tempo estavam na moda, uns cintos bem largos de couro. Botavam cartinhas escritas com letra microscópica dentro dos cintos. A gente chegava naquele pátio da Tiradentes, que era todo mundo em pé, amontoado, e ali era fácil: trocava-se de cinto. Eu saía com um cinto com as cartas deles dentro, sob o forro. Chegava em casa, desmanchava o cinto, tirava as cartas para poder encaminhar para o destinatário e depois eu tinha de costurar o cinto de novo. Chegava com um cinto, trocava de cinto lá no pátio e saía com as cartas. E eu levei essas primeiras cartas, as cartas do Betto, e se tornaram o primeiro livro dele. Pouco depois foi publicado no Brasil, traduzido e publicado na Itália.

Então fui a primeira editora de Frei Betto e ele, o meu. Isto, como ele se tornou meu primeiro editor, é uma história para depois.

4. VIAGENS

DIA DESSES, um editor enviou o estagiário para me entrevistar. Os editores fazem todas as perguntas e o rapaz é apenas o portador. Quando chega no fim da entrevista, já sei o que querem saber: "Você já está escrevendo outro livro?" Daí prosseguem: "Qual é o título? Sobre qual tema é?" Disse a ele: "Agora acabou, não é?... Eu tenho outras coisas para fazer." Ele disse: "Não, deixa eu fazer só mais uma perguntinha, só mais uma." Aí me dei conta de que era a pergunta que ele tinha imaginado para mostrar para o editor que ele não era besta, que sabia fazer boas perguntas e falei: "Faça." A pergunta era a seguinte: "A senhora pode resumir a sua vida em quatro frases?" Eu falei: "Ai, meu Deus do céu, como é que é isso?" De repente eu tive uma ideia e saiu assim: "Aprendi a comer tanajura no brejo da Paraíba. Aprendi a comer lesma, que eles chamam de *escargot*, para ficar mais bonito, mas é lesma mesmo, lá em Paris. Aprendi a comer lagarta de fogo frita no Senegal. E escorpião grelhado, aprendi na China." Depois perguntei: "Está bom para você?" Ele ficou felicíssimo.

Lembro-me de que minha amiga Patrícia me contava de suas viagens, e eu quis andar por todos os cantos, assim como ela. Acabei dando quatro voltas ao mundo sem nunca pagar passagem. Antes de contar das minhas viagens, quero lembrar das que ela fez.

O que contei de sua vida até aqui, e foram muitos acontecimentos, ela só conta 23 anos. Vejam quanta coisa aconteceu em tão pouco tempo. Certo dia ela é procurada por um membro do Partido Comunista para integrar o Comitê Fantasma, o organismo de máxima ilegalidade vinculado à Internacional Comunista. Ao recordar esse episódio, dizia sentir-se uma verdadeira Mata Hari, a bailarina holandesa que, conforme se descobriu depois, era uma espiã de talento. A situação se tornava insustentável para uma pessoa como ela no Brasil e por isso dá início a sua jornada pelo exterior em agosto de 1933. O combinado é que ela vá primeiro e, depois, Oswald e Rudá devem seguir para encontrá-la, mas a ida dos dois se frustra porque Oswald já está sem dinheiro. Assim é que Pagu permanece sozinha por todo o itinerário, que inclui Rio, Belém, Califórnia, Japão, China, Rússia, Polônia, Alemanha, França. Por onde anda, Pagu envia reportagens para jornais como os cariocas *Diário de Notícias* e *Correio da Manhã*, e o paulistano *Diário da Noite*.

No Rio, embarca num navio japonês. A primeira parada é Belém. Chega a Nova Orleans pelo canal do Panamá. Uma vez na Califórnia, apesar da indisposição com a indústria cinematográfica, faz reportagens com atores e atrizes. No Japão, passa por várias cidades, como Tóquio, Kioto, Osaka, Yokohama. Em Kobe, reencontra Raul Bopp, adido cultural. Na travessia visita colégios, fábricas, jornais, mercados. Estava tão fascinada com o encontro de uma cultura exuberante como aquela, que tinha iniciado os estudos de japonês.

Ao chegar a Cantão, na China, é testemunha de uma cena extremamente angustiante, com barcos repletos de crianças, mulheres e homens mutilados num massacre, o país em guerra civil, conforme escreveu, anos depois, numa crônica sob o pseudônimo de Ariel. Na região chinesa da Manchúria, assiste à coração de Pu Yi, o último imperador manchu. Deixa eu pegar o trecho da carta que ela escreve a Bopp sobre a solenidade, já em março de 1934: "A imprensa brasileira foi 'digggnamente' representada." Escreve assim, com três letras "g". Pelo que dá a entender, quase não participa porque está sem os documentos exigidos – credenciais, fotografias. Dá um jeito. Não é uma solenidade apenas, e sim um conjunto de eventos, até baile.

A história que me contou no Teatro Coliseu aconteceu assim: andando de bicicleta pelos pátios do palácio imperial, chamado de Cidade Proibida, o jovem imperador, com apenas 13 ou 14 anos, lhe entrega 19 vasinhos com sementes de soja, que ela repassa a Bopp, que, por sua vez, as encaminha ao embaixador brasileiro Alencastro Guimarães. O presente chega por fim ao ministro da Agricultura brasileiro, Fernando Costa, que ordena a semeadura. Parece incrível: essa é a história do início da cultura de soja aqui no Brasil.

Os festejos da coroação valeram pelo deslumbramento, no entanto, a pobreza absoluta é o que realmente a impressiona em território chinês. Como diz a Bopp, "é tudo miseravelmente absurdo, que eu nunca tive coragem de narrar o que encontrei ali". A sua sensibilidade social emerge sempre nessas anotações, nas cartas, colunas que ela escrevia naqueles dias ou depois.

De vez em quando aparece algum problema com a polícia. Contudo, obtém o visto de entrada na União Soviética quando está na cidade chinesa de Harbin, considerada a Moscou do Oriente. A viagem pelo trem transiberiano dura oito dias, e há o perigo de ser detida pelos militares japoneses e russos. Passa uma semana na Sibéria, conhecendo a rotina dos camponeses, e anima-se com as fazendas coletivas. Quando chega a Moscou, a visita ao túmulo de Lênin é profundamente comemorada, só que ela começa a se dar conta da pobreza do povo nas ruas, em contraste com o glamour em que vivem os oficias do Exército Vermelho. As coisas não parecem tão organizadas quanto imaginava. Troca muitas cartas com Oswald, e a saudade do filho é a nota triste de toda a viagem. Sobre o espanto com o que vê no cotidiano moscovita, diz ao marido: "Isto aqui é jantar frio sem fantasia. Tou besta."

Na ida para Paris, é parada pela Gestapo ao atravessar território alemão e considerada suspeita porque partira da União Soviética – mas ela parece não se assustar com mais nada. Aproveita a interpelação para provar cerveja alemã. A temporada francesa se estende de 1934 a 1935. Elsie Houston, cantora lírica brasileira, e seu marido, Benjamin Péret, são seus anfitriões e a apresentam à intelectualidade francesa: os surrealistas André Breton, Louis Aragon, Paul Éluard, René Crevel e o escritor e editor André Malraux. Aragon é um nome de proa entre os comunistas e Pagu continua seu vínculo com o partido.

Em Paris, Pagu usa o pseudônimo Léonnie, depois Leona Boucher. Assim é que participa do dia a dia do PC francês, unindo-se também à Frente Popular, que reúne as forças de esquerda da França. Suas atividades são múltiplas: ajuda a constituir comitês antifascistas, células para jovens, o congresso seguinte do Socorro Vermelho. Patrícia torna-se aluna da Université Populaire, trabalha como redatora do jornal *L'Avant-Garde* e tradutora de filmes dos estúdios Billancourt. Numa manifestação de rua, em 20 de julho de 1934, é ferida e fica três meses em estado grave num hospital.

Os combates seguiram e ela continua a se machucar feio: tem deslocamento da coxa, paralisia da perna esquerda, um osso de sua bacia sai do lugar e quase atinge seu fígado. Até que é detida como militante comunista estrangeira e quase passa pelo Conselho de Guerra, sob o governo pró-nazista de Pierre Laval, e aí é salva da deportação – iria para a Alemanha nazista ou a Itália fascista. Quem a ajuda é o embaixador brasileiro Luiz Martins de Souza Dantas, que obtém sua repatriação. Como Pagu vai dizer muitas vezes, a ele devia a própria vida. Sem um tostão, a saúde ainda mais abalada, volta ao Rio em 23 de outubro de 1935.

ACONTECEU UMA COINCIDÊNCIA na minha vida: eu não estava no Brasil quando houve o golpe em 1964. Tinha ido ao Uruguai para uma reunião da JEC. Por causa de uma queda, destronquei meu joelho e tive de engessar. Não podia pegar um ônibus de volta de Montevidéu, junto com os meus companheiros que retornaram na noite de 31 de março para 1º de abril. Fiquei lá. No dia 1º de abril, domingo de Páscoa, o pessoal foi me acordar: "Acorda, acorda, houve um golpe no seu país." Eu disse: "Não! Afinal de contas, é a revolução que chegou." Ou seja, estávamos completamente por fora, acreditando que o povo reagiria se houvesse mesmo um golpe. Daí veio a consciência de que não era tão fácil assim, não é? E que era necessário um longo trabalho de construção de consciência e de organização popular. Tínhamos de ser fermento na massa, como diz o Evangelho, ou desaparecer no meio do povo, "como um peixe dentro d'água", como dizia o livrinho vermelho do Mao Tsé-Tung que carregávamos para baixo e para cima.

Essas prisões todas da minha amiga Patrícia me levam de volta à época em que frequentei o presídio Tiradentes. Estive muito ligada à Organização de Auxílio Fraterno, uma organização que havia em São Paulo, mantida pelos beneditinos olivetanos, que se dedicava a acompanhar e se ocupar das pessoas mais necessitadas, que eram moradores de rua e, muitas vezes, presidiários. Conseguiam entrar no presídio para fazer um trabalho de educação belíssimo com os "corrós" e eu entrei nessa equipe. O que eram "corrós"? Uma ala estava ocupada pelo que eles chamavam de "presos correcionais", que tinham o apelido de corrós. E os corrós eram o quê? Eram presos ilegais, sem processo nenhum, sem acusação nenhuma. Uma parte era composta por mulheres e outra, menor, por homens. As mulheres quem eram? Eram em geral prostitutas que não pagaram pedágio à polícia. Quem tinha de pagar pedágio para a polícia e não pagava era trancado lá ilegalmente, de castigo. Podia ser por dois meses, três meses, seis meses e então era liberado, mas depois voltava de novo. Os homens que estavam na prisão correcional – não era correcional, na verdade – eram presos em situação totalmente ilegal. Eram dados como soltos do Carandiru ou de outro lugar e levados para o Tiradentes e depois retirados dali pelo "esquadrão da morte".

Fiz amizade com as funcionárias que cuidavam da ala das corrós e eram as mesmas funcionárias que cuidavam da "torre das donzelas", a torre à parte onde ficavam as meninas presas políticas. Nos sábados pela manhã eu ia fazer atividades educativas com as corrós, e depois as funcionárias me deixavam passar para o outro lado, e assim eu podia subir na torre e visitar algumas amigas, grandes amigas, que estavam lá. Tinha uma amiga muito próxima que foi bastante afetada emocionalmente pela tortura. Havíamos morado na mesma casa quando estudantes no Rio, éramos muito, muito próximas e eu subia lá para interagir e consolá-la, e visitava também as outras que estavam lá, como a Dilma Roussef, que eu já conhecia do tempo do Movimento Estudantil em Belo Horizonte.

Contei já que também ia encontrar com os presos políticos, como representante das famílias que não moravam em São Paulo, no dia de visita oficial, no pátio do presídio. Era só um pátio quadrado, onde não havia um banco, um degrau para se sentar, nada, fedia a esgoto, porque toda a tubulação estava arrebentada e ali, de pé e misturados, ficavam todos os visitantes e todos os presos que tinham descido porque tinham visita. Quem não tinha visita autorizada continuava preso nas celas.

Como existia uma lista de presos que eu estava autorizada a visitar, por ordem das famílias que me inscreviam como sua representante na Justiça Militar, eu mandava chamar todo mundo, para que pudessem sair das celas, descer e pelo menos conviver com todos juntos. Era muito curioso isso, porque então era uma multidão em pé, amontoada naquele pátio, de maneira que ninguém tinha como nos vigiar completamente. Então, isso permitia, por exemplo, os truques que nós criamos, como os que permitiam tirar de lá, sem passar pela censura, cartas com letras microscópicas, como as do Frei Betto, escondidas nos cinturões de couro que os presos faziam como artesanato.

Estava metida em esconder gente de todas as organizações: arrumar passaporte, enviar pessoas ao exterior. Nunca estive ligada diretamente à luta armada, embora tivéssemos uma relação com organizações que às vezes também tinham um braço armado.

Mas a situação foi ficando mais perigosa e, na minha congregação, as irmãs idosas não dormiam de noite com medo de que a polícia viesse me buscar. Então inventaram um trabalho para eu fazer na Europa.

Antes de viajar, passei o último mês em Belo Horizonte, na casa do meu avô materno. O Frei Eliseu, dominicano, tinha recolhido todas as cartas do Betto e eu fiquei na Remington velha do meu avô batendo em estêncil, copiando tudo aquilo, às vezes com uma lupa. A repressão estava tratando de convencer – e convencendo – vários bispos de que os dominicanos não eram verdadeiramente cristãos nem frades, e sim, comunistas infiltrados na Igreja para fazer subversão. Ia haver uma assembleia da Conferência Nacional dos Bispos do Brasil, a CNBB, e nós achamos que era fundamental mostrar as cartas, porque o Betto é muito bom teólogo e expressava muito bem sua espiritualidade naquelas cartas, então dava para ver que um "infiltrado comunista ateu" jamais poderia inventar tudo aquilo. Desde muito antes ele já tinha o plano de ser escritor, sou testemunha disso. Com 14 anos ele escrevia textos e me dava uma pastinha de cartolina amarela com uma cópia de papel carbono, que era o Dropbox dele na época, a cópia de segurança. Transcrevi todas essas cartas do Betto em estêncil para mimeógrafo – o de cera daquele tempo – e a ideia era imprimir para distribuir na assembleia dos bispos. E aí, como eu ia para a Europa, inicialmente para Roma, veio a possibilidade de mandar uma cópia dessas cartas para a Itália. Agora, na minha memória, veja que coisa estranha, na minha memória eu saí daqui do Brasil com essas cartas; da casa do meu avô já fui-me embora para o aeroporto do Galeão, não sei se embarquei direto para Roma e cheguei lá com essas cartas mimeografadas. Linda Bimbi, uma religiosa italiana que tinha vivido em Belo Horizonte e saído de lá porque estava sendo perseguida, foi comigo no escritório do senador Lelio Basso, fundador do Partido Socialista Italiano. Ouvi o senador telefonar para um editor e dizer: "Estou com um livro aqui que precisa ser traduzido e publicado imediatamente." E, de fato, três meses depois o livro estava publicado.

Recebi agora uma biografia da Linda Bimbi, que já faleceu, em que a história é contada de outra maneira. Diz que fui eu que levei as cartas para a Itália, que ela conheceu Lelio Basso no lançamento do livro, em Milão, e foi convidada para ser assessora dele. Eu fui verificar: de fato consta que a primeira edição do livro é de 1971, e eu só cheguei a Roma na primeira semana de 1972. Isso é muito esquisito, e prova uma tese minha de que toda memória é ficção e toda ficção é memória, não há fronteira entre a memória e a ficção. Porque eu, de boa-fé, continuo entrando na história. Inclusive fui verificar meu passaporte pensando: será que foi em 1971 que eu fui para Roma? Eu estou confundindo o ano? Não, mas o meu passaporte é dos últimos dias de 1971, não tem nenhuma saída minha nesse ano, só tem em 1969. Mas não foi em 1969, porque nesse ano o Beto não tinha nem sido preso. Continuo lembrando que fui eu que levei as cartas, mas agora não tenho mais certeza. Talvez em 1972 eu tenha levado outros materiais – dele também – e as cartas que eu transcrevi tenham sido enviadas antes. E era tudo feito em segredo.

MINHA PRIMEIRA PARADA FOI, então, Roma. A Congregação estava se preparando para escrever suas novas Constituições, adaptando-se à renovação permitida pelo Concílio Vaticano II, e me deram a tarefa de percorrer as comunidades, entrevistando as irmãs, numa ampla pesquisa prévia à mudança das Constituições. Percorri os países da Europa onde as irmãs estavam, e fui também entrevistar as que viviam na Argélia, onde fiquei pouco mais de três meses. Eu devia, em agosto, partir para o Vietnã, para entrevistar as irmãs de lá, mas a guerra recrudesceu, e não foi mais possível viajar para o país. Como parecia perigoso para mim voltar direto de Paris ou Roma para o Rio ou São Paulo, fiz um longo caminho para despistar: passei quatro meses nos Estados Unidos, na Califórnia, de lá fui para o México, onde peguei um voo direto para Manaus, de Manaus fui de barco para Belém e, em seguida, por terra, até chegar, exatamente no dia em que eu fazia 30 anos, em dezembro de 1972, no Sertão do São Francisco, num povoado chamado Caraibeiras, onde outras irmãs já estavam iniciando uma "inserção no meio do povo", como dizíamos. A partir daí permaneci no Nordeste. E foi assim que começou minha vida de andarilha, e aquele sonho de dar a volta ao mundo, que Patrícia e suas histórias despertavam em mim, virou realidade. Como formadora de educadores populares, acabei mesmo dando não apenas uma, e sim quatro voltas.

É CURIOSO PENSAR que passei a minha vida toda entrando e saindo de prisão e nunca fui presa. Fui apanhada várias vezes e sempre escapei de ficar atrás das grades. Inclusive, recentemente teve um momento em que eu estava louca para terminar um livro, havia muita agitação à minha volta, e até fiquei assim, sonhando, quem sabe se sou presa para poder acabar de escrever meu livro, ainda mais que vai ser prisão especial, com a idade que tenho. Mas eu nunca fiquei presa. Teve uma vez que quase fui apanhada e ia ser uma situação bastante terrível. Só que me fiz tanto de boba que escapei. Esse episódio eu vou deixar para gravar amanhã. Essas memórias ditadas vão ter agora uma pausa para a sopa.

5. DE VOLTA PARA CASA

ESSE JARDIM-MATAGAL eu cultivo com bastante gosto. Quando chegamos era só areia e dois cajueiros. Agora tem não apenas caju, como aroeira, ipê-rosa, mandacaru. Capim-santo. Tem muita erva de fazer chá. Tem casuarina! Trouxe sementes de tâmara quando estive na Argélia que ficaram guardadas numa caixinha. Anos e anos depois, quando cheguei aqui, plantei e deu. E agora essa cerca toda coberta de buganvília. Buganvília de várias cores diferentes.

Lugar de aliviar a cabeça, aqui leio, escrevo e também ofereço oficinas de haicai, que é o que eu aprendi desde criança, porque cresci numa região, como contei no começo destas memórias ditadas, muito influenciada pela imigração japonesa. Sento-me numa das duas cadeiras de ferro em torno de uma mesa de ferro, tudo branco. E um guarda-sol. Comprei barato numa loja de móveis porque o conjunto original, de quatro cadeiras, tinha se perdido. A loja fez uma liquidação. O cigarrinho Dunhill é o mais fraco que existe. Uma carteira de cigarro dá para dois dias e meio. Porque, se você reparar bem, eu fico conversando. Quem fuma é o vento. E, olha, quase não sai fumaça nenhuma.

Abro essas anotações que fiz de minha amiga Patrícia. Tinha separado essa notícia d'*A Tribuna* de 1935, de quando ela retorna ao país. Quem escreve o texto é Geraldo Ferraz. Diz a manchete: "Pagu andou pelo mundo." Prossegue: "Pagu chegou semana passada. A mala desembarcada na Estação do Norte – Pagu desceu no Rio e veio pela Central – trazia uma porção de etiquetas. Tinha etiqueta do Hotel du Nord, de Kobe, de um misterioso Peping, de uma porção de cidades onde andou, levando as coisas de Pagu. A viajante saiu aqui de Santos, foi aos Estados Unidos, atravessou o Canal do Panamá, e além do Pacífico passeou o velhíssimo mundo da Ásia." No texto, a chama de "corajosa". Diz "dos dois anos sofridos da moça brasileira", de sua "dor e revolta com uma parte da humanidade que morre de fome", o "contato diário com a miséria", no "momento em que a super produção congestiona os mercados mundiais". Pagu não quis lhe dar entrevista, porém conversaram, como ele mesmo diz. A descrição que fez dela: "cabeleira agitada", a "fronte larga e alta", com "pensamentos generosos", "fumando muito, os dedos até amarelos de nicotina".

Por dois meses, assim que sai da prisão, trabalha como secretária no jornal *A Plateia* – periódico revolucionário dirigido às classes operárias e que é perseguido pelo Deops –, um emprego que conseguiu com ajuda de Geraldo Ferraz. Separa-se de Oswald, que passa a circular com sua terceira mulher, a poeta Julieta Bárbara. A tentativa de Patrícia de cuidar de Rudá não dá muito certo, e o filho acaba ficando mais tempo com o ex-marido. A coisa entre eles vai azedar de tal modo, que a certa altura ela é impedida de visitar Rudá.

Afastada do Partido Comunista, que ela não vê mais como única opção revolucionária, é, no entanto, presa depois da Intentona Comunista, que Getúlio Vargas reprime severamente. Dias antes de ser detida, já usava o pseudônimo Paula. Coisas suas são apreendidas em casa, uma parte referente à Aliança Nacional Libertadora – movimento amplo que pretende fazer oposição ao governo varguista – e ao Governo Nacional Popular Revolucionário – planejado pelos insurgentes, de propósito democrático-burguês e anti-imperialista, e que prepararia a etapa seguinte, a do regime socialista. Não somente militantes, mas um número assombroso de artistas, escritores, jornalistas são presos, alguns, torturados, outros, desaparecidos. Podemos lembrar de outros casos, além do de Pagu: o de Graciliano Ramos, o de Nise da Silveira. O principal líder, Luís Carlos Prestes, tem sua companheira deportada e depois morta na Alemanha nazista, a Olga Benário; e a filha do casal nasce num campo de concentração, a hoje historiadora Anita Prestes.

Pagu não é presa sozinha. Está com sua irmã Sidéria, professora de grupo escolar. Vão para o presídio do Belenzinho. Sidéria logo consegue a liberdade, mas Pagu é condenada a quatro anos e meio, passando por três centros de correção: o do Paraíso e o Maria Zélia, em São Paulo, depois a Casa de Detenção, no Rio. É torturada muitas vezes. Quando é absolvida pelo Juízo Federal de São Paulo, é condenada pelo Tribunal Militar do Rio. Por um tempo, fica na Casa de Detenção de São Paulo, de presos comuns, a pedido da família. Na imprensa, referem-se a ela como "agitadora". Curioso é que, quando fazem buscas na casa dela, encontram o que consideram "livros perigosos", do próprio Oswald, de Jorge Amado, obras sobre a revolução russa.

Nos anos em que esteve presa, o Judiciário a absolve, porém a polícia não a quer solta, por ser "perigosa à ordem social", como diziam nos documentos. Tem uma carta bonita que ela escreve para Rudá, que diz assim: "Filhinho, vendo as crianças dos companheiros presos eu vejo você, minha querida parte de vida. Como os outros que aqui vêm trazer aos pais a realidade lá de fora, você é um pedaço do futuro." Noutra, diz assim: "Mamãezinha está numa prisão, mas continua com uma liberdade que ninguém pode desviar, a confiança de te ter um dia junto dela."

Antes de cumprir toda a pena, ela foge do hospital Santa Cruz em 1937 e aparece nos jornais como uma mulher "extremista", "perigosa", "inimiga pública" do governo varguista. Quem a ajuda é Geraldo Ferraz. Pagu é vigiada por quatro guardas que se revezam a cada seis horas.

Parece uma loucura, não é? Que ela fosse uma mulher perigosa. E ela era uma mulher perigosa. Ninguém segurava ela. Já pensou? Com todas as prisões onde tinha estado, tudo que já tinha passado, e ela continuava. Continuava sendo a mesma. Continuava igual, envolvendo-se nas coisas sem medo de ser presa. A militância como sentido da vida: sua grande marca.

Vamos lembrar que, em 1937, Getúlio Vargas dá o golpe do Estado Novo, um regime de exceção duríssimo que vai se estender por oito anos, com o Congresso fechado, a extinção de partidos e a suspensão dos direitos constitucionais. Nessa época, Pagu integra o CCP – Comitê Central Provisório do Partido Comunista do Brasil –, grupo dissidente que defendia uma campanha independente do partido em relação à sucessão presidencial. Usa o pseudônimo Maria Magalhães. Ao ser novamente presa, acredita-se que tenha ligação com o Socorro Vermelho e ela é apontada como integrante do Partido Operário Leninista, de viés trotskista. Veja que também a acusam de haver escrito "diversos boletins", numa "máquina de escrever portátil", que se reproduziam num "custoso mimeógrafo, mantido num armário".

Uns poemas que ela faz e depois rasga são recolhidos e guardados pela polícia política. "É melhor morrer de pé do que viver de joelhos. Morre-se mas não se capitula."

Pagu tinha escrito um novo romance, que enterrou dentro de uma caixa num terreno baldio na capital paulista. Quando retorna, havia sido construído um edifício no terreno. Sobrou uma segunda parte, escrita na prisão, "Microcosmo: Pagu e o homem subterrâneo". Trata-se de um depoimento autobiográfico, com correspondência e textos poéticos complementares, os únicos preservados do romance.

Militância, militância: escritor que tem de escrever na clandestinidade manda para amigos guardarem, esconde, e às vezes perde coisas, apesar de todas as tentativas de preservá-las. Era tudo muito, muito precário, entendeu? E escrever era o único meio de comunicação que você tinha. Mesmo sob a forma de uma obra literária. Era feito à mão, quando muito na máquina de escrever, aquelas Remington velhas, enormes. E não tinha xerox, tinha de ser com papel-carbono, se quisesse cópia, se pudesse.

VOU CONTAR A VEZ em que quase fui presa, e que talvez pudesse ter me levado a enfrentar consequências gravíssimas, quem sabe minha morte.

Havia uma pequena comunidade de dominicanos que morava ali na rua Rego Freitas. Nós, religiosos pelo Brasil afora, tínhamos uma rede para resgatar quem estava correndo risco. Fazíamos passaporte, tirávamos do país, escondíamos as pessoas, tirávamos daqui, levávamos para lá. E era daqui para lá, e de lá para cá. Parece um pouco inusitado, mas também resgatávamos argentinos, uruguaios, chilenos. Era toda uma cadeia de conventos e levávamos de um para o outro, de um para o outro, de um para o outro. A rede atravessava as fronteiras, tinha uma configuração latino-americana e buscava militantes em perigo. Toda segunda-feira, tudo já estava combinado. Frei Betto, lá na fronteira do Rio Grande do Sul, fazia o povo entrar no país. A comunicação se fazia por cartas que ele mandava para mim, assinando… Como era o nome que ele usava? Olavo, Olavo Borges. Acho que é Olavo Borges. Ao meio-dia da segunda-feira, celebravam a missa, depois almoçávamos. Passávamos os recados, íamos embora. Numa noite de domingo para segunda, Ivo e Fernando foram presos pelo DOPS quando iam do Rio para São Paulo. Eu não sabia de nada. Na segunda-feira, saí de casa antes das seis horas da manhã porque precisava fazer exame de sangue, ainda em jejum. Tinha uma porção de coisas para fazer na rua e não voltei para casa. Quem soube que eles estavam presos? O DOPS tinha ido lá e apanhado todo mundo do apartamento, que era no 19º andar. Mas eu não sabia de nada.

Ninguém me achou para me avisar. Eu estava na rua e, da rua, cheguei lá ao meio-dia.

Subi, toquei a campainha. Entreabriu-se a porta, apareceu um homem que eu nunca tinha visto. Até pensei: errei de andar. Olhei para cima para conferir o número do apartamento. Estava certo. Na hora que eu baixei os olhos, ele já tinha aberto a porta de vez, estava com uma arma na mão e me botou para dentro. Aí eu reconheci o apartamento. O crucifixo que tinha na parede foi a única coisa que ficou no lugar. O resto era uma bagunça, tinham revirado a casa toda, porque para eles aquilo era um aparelho. Então eles, dois policiais, estavam procurando armas. O outro tinha enchido a cara com as garrafas de vinho de missa que havia num cantinho lá guardado. E o outro ficou me interrogando, me interrogando, me interrogando, me interrogando... Naquele tempo não havia telefone no apartamento.

Era o tempo todo: "O que é que você está fazendo aqui?" "O que a senhora veio fazer aqui?" "Eu vim chamar o padre para confessar." "Aqui não tem confessionário." Eu disse: "Não, mas eu chamo ele, vamos ali na igreja da Consolação e lá tem confessionário." Enrolei eles o tempo todo assim, me fazendo de besta. Estava com cartas do Betto, documentos. Tinha conseguido fazer um passaporte porque tinha um funcionário do Instituto Félix Pacheco, no Rio de Janeiro, que falsificava passaporte para qualquer um, não era para político. Fazia para traficante, para bandido, para qualquer um. Pagou, ele fazia o passaporte. Você só levava a fotografia e pronto, saía o passaporte. Eu tinha uma bolsinha de couro cru que estava na moda naquele tempo, parecia um bauzinho. Era durinha a bolsinha e tinha uma tampa que levantava. Então o que é que eu fazia? Botava essas coisas num envelope de papel madeira sempre e colava no fundo da bolsa com um durex. Quando o homem me pediu: "passa a bolsa", eu, em vez de entregar a bolsa para ele, abri a bolsa e virei ela de cabeça para baixo. Sacudi tudo em cima da mesa e caiu meu tercinho, minha Bíblia de Jerusalém de bolso e todas aquelas coisinhas. Eu tinha uma vida legal, né? E ele não pegou a bolsa. São essas situações da minha vida que me fazem dizer que eu tenho um anjo da guarda fantástico. Como que o policial não pegou a minha bolsa?

O POLICIAL FICAVA me perguntando: "Conhece esse cara aqui? Você conhece esse cara aqui? E esse aqui?" "Esse aqui é um frade daquele convento lá da rua São Domingos. Sabe qual é? Que é uma igreja muito estranha, mas depois que eu comecei a ir lá... Sabe que agora eu até acho bonito? Então, e eles cantam." O sujeito continuava: "E esse moço aqui?" Eu respondia: "Esse frade aqui é o que ensaia o canto lá, eu gosto demais. Ele canta muito bem, esse aqui." Então eu me fiz de besta, de besta, de besta, de besta. E consegui, até saí dali pensando: eu devia ser atriz, porque consegui desempenhar aquele papel tão bem, enganar o sujeito durante cinco horas e meia. Eu tinha chegado ao meio-dia. Eles deviam ter acabado de mudar o turno. Porque não tinha telefone, não tinha nada. Então o cara que ficava lá chegava e ficava seis horas. E ele só ia ser rendido por outro provavelmente lá pelas seis da tarde. Às cinco e meia da tarde, ele disse: "Ah, eu vou deixar a senhora ir embora, porque acho que a senhora não sabe de nada mesmo. Uma coitada que caiu aqui por acaso e eu... A ordem que eu tinha era levar todo mundo pro DOPS. Mas se eu levar a senhora pro DOPS, a senhora vai se entortar. Mas não vai contar nada para o homem." Eu disse: "Que homem, o senhor quer que eu leve algum recado para alguém?" Eu me fiz de besta, idiota.

Às seis da tarde eles provavelmente trocavam o plantão. Então ou ele me levava para o DOPS ou me entregava para os próximos que iam chegar, e ficou com pena de mim. Agente Neiva, nunca me esqueci do nome que ele me falou. A única certeza que eu tenho é que não era o nome dele, era o nome de guerra ali. E durante 15 dias esse policial telefonou, porque eu tive de dar todos os meus horários... "Onde a senhora mora?" Eu dei tudo. Eu tinha uma vida legal, tudo direitinho. Eu moro aqui, trabalho aqui, vou aqui. "Que horas a senhora sai de casa pro serviço?" "Saio às seis e meia da manhã." Todo dia, às seis e quinze, ele telefonava lá para casa para saber se eu estava lá. No colégio onde eu trabalhava, cinco minutos depois de eu chegar, tocava o telefone. Era ele, para saber se eu estava lá, porque ele tinha de ter certeza de que eu era aquilo mesmo. Porque ele estava... Ele correu um risco também. Eu sempre rezo por esse senhor, sabe? Que eu não sei quem é. Porque ele tinha um lastro de humanidade. Ele teve pena de mim. Ele teve medo de pôr uma pessoa inocente para sofrer. Ou seja, ele estava cumprindo as ordens, e não era um facínora, né? Então, a minha vida é cheia dessas coisas.

NUNCA ME FURTEI de bancar a atriz. Uma vez, isso já em 1976, estava no sertão da Paraíba. Começamos a reorganizar a oposição sindical, de baixo para cima, daquele jeito. E ali o costume era assim: a polícia militar tinha aquelas delegacias. Cada povoado, cada município tinha três, quatro soldados. E o senhor de engenho mandava pegar e botar pessoas na cadeia. Então eu comecei a fazer o seguinte: quando eles botavam o pessoal na cadeia, eu chegava lá, puxava minha carteira de identidade e falava assim: "Olha aqui", para o delegado. "Lê aqui o meu nome, lê aqui. Lê aqui. Maria Valéria Rezende, está vendo, Rezende. O senhor já ouviu falar do ministro Eliseu Resende?" Não tinha um Eliseu Resende, que foi eterno ministro, um poderoso da ditadura? "O senhor sabe que está fazendo uma prisão ilegal. O senhor sabe que é ilegal, não tem ordem judicial. O senhor foi buscar o companheiro lá no sindicato e trouxe aqui. Prendeu sem ordem, sem processo, sem nada. Não pode. O senhor quer manter ele preso, o senhor mantém. Agora, eu não me responsabilizo."

Os caras soltavam na hora. Porque era o mundo do "quem manda mais". Entendeu? Quem está acima é quem manda. Eu usei isso o tempo todo, sabe? Uma vez, na greve dos canavieiros de 1984, eu entrei no engenho, junto com os trabalhadores, chamando os outros para parar, né? Tinha gente ainda trabalhando... E aí chega o dono do engenho com o jipe dele e para na minha frente na estradinha. Desce com uma 12, uma espingarda de cano 12, daquelas do cano serrado que solta chumbo para todo lado. E ele tremia mais do que eu. Engraçado. E eu, na mesma hora: "O senhor quer atirar em mim, atire. Agora, o senhor já ouviu falar do... Eliseu Resende?"

Até precisava um dia ter encontrado esse ministro Eliseu Resende para agradecer, porque ele salvou a minha vida várias vezes e salvou a vida de muita gente. Penso que, se houver outra encarnação, eu vou tentar uma carreira de atriz. Porque eu acho que tenho certo dom, ou é mesmo só consequência da grande convivência, na minha adolescência, com o intensíssimo movimento teatral que Patrícia Galvão promoveu lá em Santos. Talvez eu deva tudo isto a ela também.

6. TEMPO DE ESCRITA

ANOTEI MUITA COISA para essas memórias ditadas. Vejo aqui um dia feliz para Pagu: 16 de julho de 1940. Adoecida, pesando 44 quilos, sai da prisão especial da Casa de Detenção, em São Paulo. Tinha sido expulsa do Partido Comunista, que fez o mesmo com muitos outros militantes, considerando que agiam sem ordens de Moscou, numa época dura de expurgos. Mas ela mesma se declara desligada deles, ou seja, o dissabor é recíproco. Ela, no entanto, não se afasta das causas que a comovem, tampouco deixa de atuar à esquerda, como veremos.

O laço com Geraldo Ferraz, que conhecera nas rodas literárias modernistas, se solidificou no decorrer dos anos. Um autodidata de família simples, que teve de trabalhar desde cedo como tipógrafo e revisor, Geraldo é de perfil muito diferente do de Oswald. Àquela altura atua como crítico reputado e de trajetória longa na imprensa santista. Pagu aceita sua proposta de casamento. Como Geraldo dizia, restava a ela sair do país ou ficar com ele. A oportunidade de dar o passo necessário para ficarem juntos acontece com a liberdade política que ela conquista. Um casamento sem documentos porque não havia divórcio naquela época. Dizia-se que estavam "amigados", denominação que obviamente prejudicava as mulheres e não os homens. Nasce o Kiko no ano seguinte, 1941. Registro desde já que a polícia política nunca interrompeu as diligências contra ela, engordando as pastas a seu respeito: o que fazia, com quem se encontrava, onde vivia, as atividades em que se metia.

Minha amiga Patrícia deixa definitivamente de ser Pagu. Seu retorno à imprensa é prejudicado pelas passagens pela polícia. De início, Geraldo e ela se mudam para a capital paulista. Ela começa a assinar crônicas diárias com o pseudônimo Ariel, no jornal *A Noite*. Depois, vivendo no Rio, ela e ele trabalham em *A Manhã* e *O Jornal* entre 1943 e 1945. Iniciam uma colaboração com a agência France-Presse. A época serena favorece a produção literária e o casal lança um romance, em dupla, *A famosa revista*. Cada um escreve um capítulo, revisado pelo outro, e resulta numa crítica pesada aos métodos totalitários do stalinismo.

Uma coisa que é fundamental lembrar: em 1945 o país vive a reabertura; depois da queda do Getúlio Vargas, há a convocação de eleições constituintes e o PCB é declarado legal, de modo que elege sua primeira bancada, com pessoas muito honradas. O próprio Prestes se torna senador. Esse período de redemocratização coincide com o fim da Segunda Guerra Mundial, no entanto não dura muito. Em dois anos, os comunistas voltam à ilegalidade e há um acirramento da chamada "Guerra Fria".

Na *Vanguarda Socialista*, jornal em que passa a assinar uma coluna, diz assim, em 15 de novembro:

> Democracia, e democracia ainda da mais velha, daquela de há 150 anos atrás, visada pela revolução dos Dantons e Marats, tal é ainda o que se procura neste tateamento de trevas em que poucos possuem lanternas para iluminar o caminho. A última semana está terminando antes das eleições democratizadoras, na

pretensão de que se revestem desde os demagogos do "fascismo vermelho" aos remanescentes da "democracia verde", ambos lançando confusão pelos olhos e pela boca, ambos servindo ao regredir no tempo àquelas vésperas da madrugada dos direitos do homem.

Em terras cariocas a partir de 1945, se enturma com o grupo que frequenta o bar Alpino, no Leme, próximo de onde mora: Eneida, que também é de esquerda, Rachel de Queiroz e Rubem Braga, escritores, e Roberto Burle Marx, paisagista. No ano seguinte, ela e Geraldo voltam a viver na capital paulista e passam a atuar no *Diário da Noite*, de Assis Chateaubriand. Geraldo é secretário de redação. Juntos, fazem o Suplemento Literário, em que ela assina uma seção que se tornou lendária, "Antologia da Literatura Estrangeira". Qual era a ideia? Divulgar autores e autoras do exterior, de línguas inglesa e francesa em sua maioria, com nota biográfica e tradução realizadas por ela. Apollinaire, Dylan Thomas, Faulkner, Jarry, Joyce, Katherine Mansfield, Mallarmé. Quando ninguém conhece ainda Antonin Artaud, é ela quem nos apresenta. Em paralelo, realiza até 1954 a coluna "Cor local", publicada em três jornais diferentes: o próprio *Diário de São Paulo*, o *Jornal de São Paulo* e *A Tribuna*, de Santos. Usa um pseudônimo, P.T.

Nela, reabilita talentos que estavam sendo pouco lembrados, como Lima Barreto, e saúda novatas, como Clarice Lispector. Solange Sohl, seu pseudônimo para publicar poemas, é dessa época também.

Esses anos são muito produtivos e há uma reaproximação do filho Rudá, que vive com o pai. E, apesar disso, ela tenta o suicídio em 1949. Difícil elucubrar as angústias, os gatilhos, os motivos para esse tipo de acontecimento, e como veremos não será a última vez. Depois se reaproxima da vida política, ligada ao Partido Socialista Brasileiro. Escreve o panfleto eleitoral *Verdade e Liberdade*, em que se coloca de modo bastante duro contra Getúlio, o Partido Comunista, o stalinismo e, claro, a extrema direita. Candidata-se a uma vaga de deputada estadual, porém não é eleita. Chega a ser detida por escrever palavras de ordem de seu partido no chão, com tinta branca. Não são muitas as mulheres que conseguem entrar para a política, naqueles dias. Várias vezes me pergunto o que teria acontecido se ela enveredasse pela política partidária – creio que teria sido uma parlamentar excelente.

As colaborações e passagens por jornais e suplementos são bem variadas nesse período, até que acontece sua paixão pelas artes dramáticas. Em 1952, ainda na capital paulista, ela dá um passo enorme para aventura belíssima que desenvolve a partir daqui, a sua aventura no teatro, quando ingressa na Escola de Arte Dramática. Como parte dessa nova investida, também passa a tradução de nomes como Arrabal, Ionesco, Octavio Paz. Dois anos depois chegam a Santos, para não sair mais. Uma história que vou relembrar na próxima gravação.

DE VOLTA PARA CASA, eu tive meu tempo de escrita também. Como contei, o ano de 1972 eu passei viajando. E, ao completar 30 anos, estava no Sertão do São Francisco. A ideia era que, como o pior da repressão acontecia na capital paulista, com a articulação de forças como as do DOPS e da Operação Bandeirante (OBAN), mudar de região fosse um modo de me defender um pouco.

Primeiro eu fiquei lá quase um ano, num lugarejo chamado Caraibeiras. Um dia ouvimos dizer que o Exército estava do outro lado do Moxotó, procurando pelos barbudos que queriam fazer cooperativa com os trabalhadores. Percebi que não podia ficar ali, porque, num lugar desses, quem vem de fora chama muita atenção. Fui para Olinda e para o Recife, onde passei três anos e meio organizando a Pastoral da Juventude Popular. Dom Hélder me conhecia e me falou que, como ali era uma cidade grande, eu desapareceria com mais facilidade. Mas eu queria voltar para o campo, porque naquele tempo setenta por cento da população do Nordeste estava no campo ainda. Inverteu-se isso completamente. Agora não chega a trinta por cento.

Dom Marcelo Carvalheira, que também era meu conhecido, foi nomeado bispo de Guarabira. Então fui para a diocese de Guarabira, e fiquei lá de 1976 até 1989, quando me mudei para João Pessoa, porque criamos a Escola de Formação Quilombo dos Palmares – que existe até hoje –, com sede no Recife e atuação nos nove estados do Nordeste, para formar educadores populares e dirigentes de movimentos populares e sindicais. Era mais fácil ficar numa cidade no litoral para poder viajar.

Como comecei a escrever? Eu vivia num povoadozinho no Brejo da Paraíba, Pilõezinhos. E a minha avó, que também era grande leitora, nunca se conformou por eu não querer ser escritora, porque dizia que eu escrevia muito bem. Todo mês eu escrevia umas cartas para ela: "Querida vovó, estou aqui diante da janela da minha casinha, na frente da praça de Pilõezinhos e estou vendo passar Fulano de Tal." E eu inventava a história do Fulano de Tal. Botava depois "um beijo da sua neta" e mandava. Acontece que nesse tempo eu não tinha um tostão, porque eu vivia ali de troca de serviços e bens com o povo. Então eu lia e escrevia cartas para a comunidade. Aos domingos, ia comer galinha de capoeira no sítio e ler os cordéis que compravam na feira. Durante a semana, toda manhã abria a minha janela, e tinha lá um pau de macaxeira, um saquinho de feijão verde, uns ovinhos de capoeira. Eu vivia disso.

Quando me chamavam para uma reunião e mandavam uma passagem, ou quando ia encontrar algum amigo, fosse aniversário, fosse qualquer coisa, eu não tinha como dar presente. Pegava uma daquelas histórias que eu tinha escrito para a minha avó e batia à máquina uma cópia, sem o "querida vovó" e sem o "um beijo da sua neta", fazia uma capinha, porque nesse tempo eu me achava mais artista plástica do que escritora. Eu desenhava muito, fazia história em quadrinhos para a formação de educação popular.

Levava minhas histórias para dar aos amigos: "Escrevi especialmente para você, é meu presente." E foi assim que, um dia, fui para uma reunião em São Paulo em que eu ia encontrar com o Frei Betto e me lembrei de que era aniversário dele. Eu tinha levado uma história dessas para dar para minha irmã, mas pensei: "Vou dar para o Betto, depois eu dou para minha irmã." E dei para ele.

Passaram-se uns dois, três anos, e o Pascoal Soto, editor, assumindo decisões editoriais da Editora Moderna naquele tempo, me telefonou. "Estou aqui com um conto seu, eu mostrei para os outros editores. Todo mundo concorda que você não é uma principiante de jeito nenhum, mas nunca ninguém ouviu seu nome sequer. Eu queria que você mandasse tudo que você tem." Eu disse: "Não, é engano. Eu não sou escritora, nem mandei nada para nenhuma editora." Ele começou a ler para mim, e eu reconheci aquela história que eu tinha escrito, que é o primeiro capítulo do meu livro *Vasto mundo*. "Junta tudo que você tem e manda para mim", ele insistiu. Fui mexer nos meus dicionários e encontrei as cópias em carbono de um monte dessas histórias que eu tinha escrito para a minha avó, que realmente davam um livro. E fiquei na dúvida, entende? Porque eu pensava: Bom, o fato de alguém querer publicar não garante que é bom. Senão, não existia livro ruim no mundo, não é? Então eu fiquei meio cismada. Mas vi que tinha um concurso literário aberto na cidade de Belo Horizonte, que era preciso usar um pseudônimo para participar. Resolvi mandar para lá.

Encontrei numa agenda o endereço da Lygia Fagundes Telles, que era amiga da minha tia, a jornalista e poeta lá em Santos, que provavelmente mandou eu entregar alguma coisa na casa dela na Consolação, quando eu estava estudando em São Paulo. Eu tinha esse endereço e não sabia se ela ainda morava lá nem nada. Pensei: Olha, quer saber, eu vou mandar. Fiz uma cópia do que seria o livro. Mandei para ela com uma cartinha dizendo: "Não estou lhe pedindo nada de extraordinário, apenas estão querendo publicar isto, mas eu não quero ser responsável por mais um livro ruim no mundo. Não tenho contato com nenhum meio literário que não sejam parentes meus e é uma opinião pouco confiável. Então eu vou logo ao alto. Acredito que basta você ler cinco ou dez páginas para me dizer se isso se pode publicar ou não."

Aí foi engraçado mesmo. Passou-se muito tempo, meses. Eu já tinha esquecido do concurso e de que eu tinha mandado uma coisa dessas para a Lygia. Então o Sérgio Fantini me telefonou, de Belo Horizonte, para dizer que o meu livro estava entre os seis finalistas do concurso. Eu fui olhar, tinha mais de 230 concorrentes. Pensei: Bom, se entre 230 o meu está entre os seis melhores, não é ruim, né? E, no mesmo dia, o carteiro me trouxe um cartão-postal da Lygia dizendo: "Publique, sim, você é uma escritora séria."

Pronto. Entreguei para publicação, mas pensei que seria só aquele e acabou-se. Eu já tinha 60 anos. Não pensei que estava iniciando uma carreira de escritora. Acontece que aqui eu trabalhava com o movimento sindical. Então, com os trabalhadores do Sindicato da Construção Civil, tínhamos criado o Programa Escola Zé Peão, com o qual colaborava a escola noturna nos canteiros de obras, para formar os trabalhadores. E eu dei o livro para o Paulo Marcelo, presidente do Sindicato, ler. Daí ele me ligou pedindo para arranjar 260 exemplares a um preço mínimo: os companheiros que já estavam alfabetizados queriam ler; os outros livros não lhes apeteciam, e ele achava que aquele livro, sim, era o que servia para interessar os trabalhadores. Afinal, foi isso que me fez descobrir que a literatura podia ser mais um modo de eu colaborar com a educação popular. Continuei a escrever ficção.

Penso que a militância levou minha amiga Patrícia a escrever ficção, assim como aconteceu comigo. A certa altura, deixou os romances para dedicar-se às colunas, a vida na imprensa a pegou. Na minha história, a ficção fica. Mas isto também fica para outro dia.

7. QUESTÕES DE MEMÓRIA

IMAGINO A ALEGRIA de minha amiga Patrícia quando se mudou definitivamente para Santos. Como sabemos, ela adorava o mar. O convite feito a Geraldo Ferraz pela *Tribuna*, onde trabalhara quinze anos antes, cobria o que ganhava em três empregos na capital, para assumir o posto de secretário de redação. Quem não é do ramo pode ficar confuso com esse título, mas vale dizer que é o principal cargo.

Chegam em 1954, e primeiro vivem em São Vicente, que é do lado de Santos, no número 685 da rua Quintino Bocaiúva. Depois habitam em Santos mesmo, na rua Azevedo Sodré, 24, mais tarde avenida Washington Luís, 64. Patrícia continua animadíssima com as aulas na Escola de Arte Dramática. Não só traduz, como escreve peças curtas. Décio de Almeida Prado é seu professor e orientador, Cacilda Becker escuta a audição e fica encantada. O ano de 1954 é também o da morte de Oswald. Há uma foto conhecida em que ela está ao lado do seu caixão, uma cena comovente.

Esses últimos oito anos de vida que passa em Santos vão ser lindamente produtivos: publica artigos e crônicas nas seções "Artes e Artistas" e "Literatura, Artes e Cultura", sempre n'*A Tribuna*. Depois, trata de dramaturgia na seção "Palcos e Atores" e de romances e poesia na seção "Literatura", que assina como Mara Lobo, o nome que usou para *Parque industrial*. Edita páginas especiais em que traduz e contribui para divulgar autores e obras. Em outra coluna, "Teatro Mundial Contemporâneo", dedica-se a tratar de nomes ainda pouco conhecidos. E há mais um pseudônimo, Gim, na coluna "VIU?VIU?VIU?", assim mesmo, em maiúsculas, uma coisa de efeito moderno, em que reúne comentários curtos sobre programas de televisão. Lembro-me das letras garrafais na página impressa: me chamava atenção quando folheava.

Geraldo e ela se aproximam de artistas e escritores relacionados ao Clube de Arte, inicialmente criado como Clube da Gravura. O grupo gira em torno de outras artes, como dança e teatro, e é dessa cena que sai o teatro amador santista. Quem faz parte dessa turminha? Mário Gruber, gravurista que iniciou o clube; Gilberto Mendes, que vai se tornar um grandessíssimo músico; Paulo Lara, na época já famoso na dramaturgia. Geraldo e Patrícia recebiam visitantes do grupo em sua casa, para leituras de Fernando Pessoa acompanhadas de vinho verde; isso em uma época em que o poeta português era pouco conhecido! Integrada à vida cultural santista, ela é nomeada para a Comissão Municipal de Cultura. Um dos seus feitos é estabelecer um acordo com a Escola de Arte Dramática, que passa a levar a Santos, todo mês, um espetáculo realizado pelos estudantes. Começa a coordenar, a certa altura, o TUS – Grupo de Teatro Universitário Santista.

Fernando Arrabal, jovem e de vanguarda, e os clássicos Ibsen e Pirandello são nomes que Patrícia leva para a cena; também incentiva a juventude local que faz teatro ou está querendo fazer. Gente como Antônio Carvalhal, Evêncio da Quinta, Fernando Alves, Jansen Cavalcanti, e o próprio Plínio Marcos, sobre quem falei um pouco antes nestas memórias ditadas. Em 1958, ela faz nascer o I Festival de Teatro Amador de Santos e Litoral, promovido pelo departamento cultural d'*A Tribuna*. Um ano depois, o jornal – claro que Geraldo e Patrícia – contribui para que ocorra o II Festival Nacional de Teatro dos Estudantes, que vinha sendo organizado pelo Pascoal Carlos Magno e estava sem verba para continuar. A primeira edição acontecera no Recife, a segunda foi em Santos, e Patrícia fez parte do júri de premiação. Um dos filhos desse evento é um grupo do Centro Acadêmico da Faculdade de Direito da USP, a Companhia Teatro Oficina. Sim, ele mesmo, o Oficina do inesquecível José Celso Martinez Corrêa.

NOTO QUE AQUELE ENTUSIASMO militante que antes se dirigia às ações políticas se volta para a cena cultural, sobretudo o teatro. Ora traduz, escreve e monta, ora apoia, incentiva, divulga; em muitas frentes ela vai atuando. A saúde não é mais a mesma. Não exatamente porque se passaram os anos e a idade cobra, mas porque as prisões, as torturas físicas e psicológicas e a tentativa de suicídio deixaram sequelas profundas. Uma sinusite crônica atrapalha seus dias, mas Patrícia nunca para de fumar muito.

Vai ao médico para exames e a radiografia da face mostra um retrato de seu sofrimento: há fratura permanente em um malar e até poeira e fragmentos metálicos incrustrados, originários de bala. Logo após ver essa radiografia, Rudá escreve um poema: "Homenagem às loucuras de minha mãe". Tem um trecho final assim:

> orbitário externo
> fraturado
> poeira metálica do rebordo
> fraturado
> sem dor
> com amor

A dor sofrida por ela está muito bem descrita no seu *Paixão Pagu*. A origem desse livro é antiga, mas só foi publicado após sua morte. Trata-se de uma carta que escreveu em forma de diário ainda em 1940 e é dirigida a Geraldo Ferraz. Quer contar o que sente e pensa e também organizar para si mesma o que se passou em sua vida até ali, incluindo a condição relativamente burguesa da família, ainda que estivessem cercados da classe média baixa do bairro. O cotidiano doméstico pequeno demais para seu desejo de viver.

A vida amorosa precoce, depois a ambivalência de atração e repulsa. O casamento com Oswald, mais um desejo de libertação da casa dos pais e entrega à militância. A carta nos mostra como estabeleceu sua estrutura de mulher de força, porém tensa e com seu grau de desilusão. O descanso vem com Geraldo, um antigo amigo.

No relato, recorda com ironia os literatos argentinos e brasileiros, os dos salões promovidos por Olívia Guedes Penteado, patrona dos modernistas, em meio a "polemicazinhas chochas", palavras que usa. Sentindo-se à margem desses círculos, entrega-se à causa social, torna-se mulher militante. Trata-se de um texto autobiográfico especialíssimo porque, ainda naquela época, somente homens dominavam esse gênero. Patrícia se declara insatisfeita com teorias de gabinete, é uma pessoa de ação. "Era necessário concretizar", também palavras dela na obra.

No cais de Santos percebe o sentido de sua vida, quando o fervor político se assemelha a um sentimento religioso. De início está animada com a confiança que o partido deposita nela. Vem a decepção com a mentalidade tacanha dos dirigentes que a afastam arbitrariamente, mas não desiste da luta, ainda que desligada do partido. Sem saber exatamente se tem dotes literários, confia no ofício. Insiste no idealismo, chega a retornar às hostes comunistas, porém é de novo retirada. As ideias de sacrifício a mantiveram durante muito tempo a serviço dos comunistas: "A minha fé continuava inabalável", escreve. "Lutaria até cair aos pedaços." Sobre as viagens, anota: "A mesma humanidade, a mesma exploração de uns pelos outros, a mesma dominação de uma coisa sobre outra." Seu incômodo com a falta de liberdade que a condição feminina muitas vezes implica é grande. Adiante diz: "Se fosse homem, talvez pudesse andar mais tranquila pelas ruas." Nesse trecho fica clara, na carta autobiográfica, sua consciência da luta de uma mulher para constituir-se como sujeito da história e de sua própria vida. Um exercício interessante é cruzar a cronologia com o teor de *Paixão Pagu*, cujo subtítulo é Autobiografia precoce. Nas edições novas, o subtítulo é usado como título. Nós nos sentimos como ela se sentiu, à medida que lemos essas memórias escritas numa época ainda tão recente de sua própria vida e profundamente intensa.

NA MINHA TEMPORADA EUROPEIA em 1972, eu tinha dúvida se a congregação me deixaria voltar ao Brasil. Acabei o serviço que me pediram e a superiora geral mandou me chamar. Eu queria voltar, eu queria voltar, eu queria voltar. E o mais interessante foi que, antes que eu falasse alguma coisa, ela declarou: "Eu sei que você quer voltar para o Brasil." Abriu uma gaveta e disse: "Até preparei aqui umas coisas para você", e tirou de lá uma pilha de livros sobre a resistência francesa. Continuou: "Eu entendo muito bem que você queira voltar, porque eu também quereria voltar." E então me contou: tinha sido superiora de um convento nosso na Alsácia, perto da fronteira; eles tinham uma rede que tirava crianças judias da região ocupada pelos alemães e cobria uma rota que levava até Portugal. Há gestos de bravura que muitas vezes ficam desconhecidos na história, feitos por militantes anônimos que atuam apaixonadamente. A vida de Pagu tem tanto disto!

A superiora tinha uma estratégia, a de que eu voltasse pelos Estados Unidos. Interessante é que, ao longo das viagens que fiz, eu tinha carregado para Roma uma valise diplomática da Nunciatura Apostólica da Santa Sede na Argélia. Viajei de Argel para Roma com aquela maleta algemada ao meu braço e com uma carta que pedia às autoridades aduaneiras e policiais que me deixassem passar: "Maria Valéria Rezende, cidadã brasileira, a serviço da Secretaria de Estado do Vaticano". Tinham de ter devolvido ao Vaticano a carta com a valise, mas eu não devolvi a carta, grampeei no meu passaporte. Quando fui pedir o visto no consulado dos Estados Unidos em Paris, me deram um visto de múltiplas entradas por tempo indeterminado, porque eu apresentei a carta do Vaticano. Eu era uma santa pessoa diplomática. Ainda tenho esse passaporte com essa carta, um documento histórico. Com ele eu andava por todos os lugares sem ninguém me importunar. Um arsenal como este um militante nunca pode dispensar.

TENHO ESSA HISTÓRIA com os Estados Unidos, e outra igualmente interessante com Cuba. A minha história com a ilha começou na Nicarágua. Quando houve a revolução na Nicarágua, a primeira coisa a se fazer era a cruzada de alfabetização como se tinha feito em Cuba. No entanto, os nicaraguenses não tinham quadros suficientes para preparar os estudantes, então convocaram a nossa rede latino-americana de educadores populares, que era muito ligada justamente a movimentos de juventude da Ação Católica, a JEC e a JUC, e nós fomos para lá. Só que os cubanos também foram. No começo foi um choque danado, porque, com a nossa metodologia freiriana, batíamos de frente com os cubanos, com um enfrentamento bem de cima para baixo, escolástico. Nossa turma que tinha ido para a campanha de alfabetização era toda católica e eles não entendiam aquilo. "Como é que vocês são católicos, vivem rezando e apoiam uma revolução socialista?" Mas na liderança da revolução sandinista estava o monge Ernesto Cardenal, poeta, e o irmão dele, Fernando Cardenal, padre jesuíta, que era o ministro da Educação naquele momento. E fazíamos nossas celebrações religiosas lá. No começo os cubanos não entendiam nada. Aos poucos, eles foram compreendendo a nossa posição, criou-se uma grande amizade e eles ficaram interessadíssimos em saber o que era aquilo.

Na última semana da cruzada, primeiro aniversário da revolução, estávamos justamente fazendo a avaliação da campanha de alfabetização, que tinha sido o maior sucesso. Houve uma festa pelo aniversário do Daniel Ortega e o Frei Betto estava lá. O Betto tinha ido fazer uma reportagem com os guerrilheiros sandinistas antes da vitória. Ficou amigo do Ortega, que o convidou para ir jantar na casa dele. O Fidel estava lá. Aí o Betto chegou para o Fidel e perguntou: "Comandante, já faz tanto tempo, vinte anos, que a Revolução Cubana decretou o silenciamento das igrejas, mas não conseguiu acabar com a fé do povo, porque as festas da Santeria – uma religião nascida da interação com a cultura iorubá – e a peregrinação ao santuário da Virgem da Caridade do Cobre continuam. Não seria muito mais interessante se... se conseguisse fazer uma aliança entre o ideal socialista e a fé do povo?"

Fidel ficou pensativo e disse: "Vá lá conversar comigo." Porque ele também estava surpreso. Betto passou a ir para Cuba por anos e entrevistou o Fidel para o livro de grande sucesso *Fidel e a religião*. O comandante queria que o Betto ficasse lá para formar os militantes com a metodologia da Educação Popular freiriana, porque para eles era tudo misturado: Comunidade de base, Teologia da Libertação, Educação Popular. Betto disse: "Não, eu não posso, não, porém tenho uma pessoa que vai servir para fazer isso." Essa pessoa era eu.

Comecei a ir pra Cuba três, quatro vezes por ano. Passava meses lá, tinha um escritoriozinho na Casa das Américas. E foi assim que conheci bem Fidel, que estava pessoalmente interessado nesse processo de introdução da metodologia freiriana em Cuba. Ele me chamava muitas vezes para conversar, e eu também andava com ele pela rua. Tenho várias fotografias com o Fidel. E com o Gabriel García Márquez, que vivia lá também. Nas primeiras vezes em que fui, me botaram numa casa de protocolo, ao lado da casa onde estava morando o García Márquez. Serviam o café da manhã num quiosque entre as duas casas e ficávamos lá batendo papo. Ainda me perguntam: "O que você conversava com o Gabriel García Márquez?" Miolo de pote, gente. Conversava, contava piada. Não era conversa literária, era conversa de conversa.

Eu estava sempre nesses lugares. Ser uma desconhecida invisível é a melhor coisa do mundo, você ouve e vê coisas. Lembro de uma vez, quando eu estava no Rio no período das férias, mas um de nós da equipe da JEC tinha que ficar de plantão. Então eu passava todo dia no escritório para ver se tinha recados. Eu estava sem dinheiro e vi um anúncio no jornal que dizia que uma família precisava de uma babá que falasse francês para trabalhar durante um mês. Fui lá. "Como é que você fala francês?" "É porque eu já fui babá de uma família que foi para a França, eu fui junto e aprendi francês." Em resumo, era um ricaço que tinha uma filha que vivia na França e vinha passar as férias de julho com as crianças dela, que tinham 2 e 3 anos e não falavam português. Precisavam de uma babá para tomar conta dessas crianças. Uma babá daqui que falasse francês porque as crianças falavam francês. E eu fui lá. O salário era ótimo. No fim, eu acabava tendo de servir a mesa à noite. Toda noite algumas pessoas apareciam para jantar, e eram políticos e outros ricaços... E eu servindo a mesa e toda conversa que eu ouvia era tudo... Como é que se diz? Maquinações.

Não passava pela cabeça deles que aquela pessoa pudesse ouvir e entender algo. Então, sendo desconhecida, falavam qualquer coisa na minha frente, porque "essa daí não vai entender nada". Eu passei a minha vida assim. Sendo "aquela dali", invisível, que não entendia nada, ouvindo de tudo em muitas ocasiões, muitas. Em João Pessoa, ainda sou a tia velha que anda despercebida pela rua.

8. NA CENA DE SANTOS

UMA VEZ, NO BAR REGINA, a minha amiga Patrícia me contou um episódio sobre meu pai que nunca pude confirmar. O curioso é que eu poderia ter perguntado a ele diretamente, mas não me lembro de ter feito isso. Talvez fosse ainda muito jovem para achar que devia verificar uma história desse tipo.

Patrícia lembrava que, durante uma greve no porto, havia uma grade entre o cais e a rua. Do lado de fora da grade estava a polícia, atirando nos estivadores. Meu pai era médico do pronto-socorro e estava de plantão naquele dia. Ele chegou de ambulância, desceram os enfermeiros e maqueiros.

E ele entrou sozinho, dizendo que era o único que fizera o juramento. Colocava no ombro cada estivador machucado que encontrava e levava até a ambulância. Meu pai era um homem franzino. E parecia um milagre que carregasse gente tão mais forte que ele. Esse é o motivo de ela ter me dito naquela conversa: "E se você for uma católica como seu pai, vai dar certo."

Meu pai era muito distraído em relação às coisas práticas do cotidiano. Vivia pensando, estudando os desenvolvimentos recentes da medicina, filosofando. Lia jornal enquanto caminhava, e dizem que um dia se descuidou e caiu num dos canais de Santos. Uma vez, voltando com sono de um plantão, embicou no trilho do trem e seguiu o caminho por uns minutos, com o risco de sofrer um acidente. Levava a sério seu compromisso de pelo menos minorar o sofrimento de seus pacientes, fosse como fosse, até mesmo promovendo casamentos. Em muitas ocasiões recebíamos presentes em casa enviados por casais que completavam bodas e achavam que deviam agradecer ao meu pai.

Um dos garotos que se sentava para conversar com Patrícia no Bar Regina era o Pedro Bandeira, levado pelo Plínio Marcos, e, antes de se tornar o escritor de maior sucesso da nossa literatura infantojuvenil, iniciou uma carreira no teatro. Pedro se recorda de ter ido comprar *A náusea*, do Sartre, ainda bem jovenzinho, depois de ter escutado Patrícia falar sobre o existencialismo. A nossa livraria era a Martins Fontes, que ficava no início da avenida Marechal Deodoro, onde se comprava fiado nas mãos do sr. Waldemar. Patrícia também falava de muito mais gente: podia ser de Brecht ou Pirandello, de Martins Pena ou de Molière.

Pude acompanhar melhor a última década da vida de Patrícia. Penso que uma palavra que poderia caracterizá-la, sintetizar o que significava para nós, adolescentes e jovens santistas, é *educadora*. Porque foi essa a grande função que ela exerceu quando se radicou em Santos. Uma educadora ao escrever colunas, avaliando e indicando o que deveria ser consumido de literatura e teatro. Uma educadora na sua interação conosco, numa paciência incrível. Lembro-me dela como uma pessoa muito calma. Você perguntava uma coisa, ela ficava te olhando, pensando. E só depois ela respondia, sabe? Não parecia nada impulsiva. Alguém que estava sempre refletindo, avaliando. E incentivava o teatro amador e o teatro de vanguarda. Em torno dela, se organizaram a Associação de Jornalistas Profissionais e a União de Teatro Amador, e creio que ela também iniciou o Cine Clube. Desde sempre insistiu para que tivéssemos um Teatro Municipal em Santos, fez uma grande campanha com esse intuito e não chegou a vê-lo construído.

Plínio Marcos começou como palhaço de circo. Como disse, eu e minha turma íamos ver os ensaios de Barrela, xeretávamos o quanto podíamos e ajudávamos nos bastidores com pequenas tarefas. A peça denuncia justamente a vida na prisão. Mesmo com seu talento enorme, Plínio às vezes levava bronca de Patrícia, que não passava a mão na cabeça de ninguém e, quando era preciso, fazia as críticas necessárias, as que considerava essenciais para o aprimoramento do trabalho. Nunca perdia a postura crítica, entendeu? Eu me lembro bem disso.

Escutei muitas vezes ela dizer que o teatro amador era importantíssimo porque não dependia de bilheteria. Quem está fazendo teatro amador está fazendo pelo gosto de fazer e se arrisca a inovar, mesmo que de início o público não goste. Havia ali a oportunidade de experimentar, desfazer padrões, era possível arriscar e inovar. Eu lia tudo o que ela escrevia n'*A Tribuna*, e a ouvi dizer isso recorrentemente.

Não havia somente o Bar Regina para artistas, atrizes e atores, gente da música e do jornalismo, pintores, universitários – boêmios todos. O Bar Bexiga, o Bar Chic, o Restaurante Almeida eram também muito frequentados por essas pessoas. E tinha o Santos Cine Foto Clube. Mas era o Bar Regina a nossa pracinha – e ficava mesmo numa praça, a da Independência. Não era preciso marcar encontro com ela. Chegando lá, a encontrávamos, no fim da tarde ou começo da noite, quando ela terminava seu expediente na redação. Geraldo passava para buscá-la, depois de fechar a edição do jornal, bem tarde da noite. Um sujeito engraçado, parecia sempre ter pressa.

COSTUMO BRINCAR DIZENDO que agora as redes sociais são nossa pracinha. A minha primeira militância foi a de educadora popular. Só que depois as coisas se misturaram. Você começa a analisar por que as pessoas com quem você trabalha não têm nada. Aí você começa a descobrir as injustiças, sabe? Esse é um processo que passa por pensar em política.

Como nasce uma militante? Da sensibilidade para com as injustiças. E isso eu tinha adquirido em casa, sabe? Meu pai era católico de comunhão diária.

Eu me lembro que uma vez eu estava andando com a minha avó, entramos na igreja de Santo Antônio do Embaré, na frente da praia, em Santos. E ela tem umas pinturas do céu, do inferno, com uns diabos horrorosos, cheios de garfos e de não sei quê. E eu me lembro que eu fiquei ali ouvindo o que diziam as pessoas que estavam dando aula de catecismo para as crianças. Uma pessoa falava do inferno: quem não acreditava em Deus ia para o inferno. E eu me lembrei de um primo mineiro, na verdade primo da minha mãe, que morava lá em Santos, que era médico como meu pai e que eu adorava, o Tony. Ele me buscava, me botava no bagageiro da bicicleta para dar a volta no quarteirão. Saí da igreja com minha avó e, já em casa, chorando, abordei meu pai, que, como já disse, era católico de comunhão diária: "Papai, o Tony vai para o inferno." Porque uma vez eu ouvi alguém dizer: "O Tony é livre-pensador." Eu tinha mania de ouvir conversa de adulto. Depois perguntei para outra pessoa que não estava lá naquela conversa: "O que é livre-pensador?" A pessoa respondeu: "É gente que não acredita em Deus."

Papai disse: "Não, filha, Deus é bom." E prosseguiu: "O Tony é um homem tão bom, um médico tão dedicado." E eu dizendo: "Mas a dona disse que a gente tem que acreditar em Deus, senão vai para o inferno." Papai disse: "Tudo bem, você tem que acreditar no inferno, mas você não precisa acreditar que alguém vai para lá. Não tem ninguém lá, porque Deus na última hora salva todo mundo, porque alguma coisa boa as pessoas sempre têm."

Isso me lembrou de outra conversa, com meu avô materno, que vivia em Belo Horizonte. Eu brincava na rua com a criançada da vizinhança. Disse a ele, ao voltar para casa: "Não quero mais brincar com aquele menino. Ele é ruim, ele é muito ruim." Meu avô falou: "Você é que escolhe se a gente é boa ou ruim." Eu perguntei: "Vô, como?" Então ele me levou para a câmara escura, porque era retratista. Não se dizia fotógrafo naquela época, mas retratista. Ele me colocou sentada e fez uma chapa de 18 por 24 da minha cara de frente. Depois ele imprimiu duas vezes o lado direito do meu rosto, fazendo uma cara completa. Duas vezes do lado esquerdo. Uma vez os dois lados juntos. E eram três pessoas diferentes, porque a gente não é simétrico. Meu avô disse: "Está vendo? Você que escolhe qual é o lado da pessoa que você quer olhar. Nem a cara da gente é igual dos dois lados."

* * *

QUANDO PENSO NA MINHA vida, eu me vejo sobretudo como educadora popular, e não escritora, porque isso veio depois, quase por acaso. Meu grande sucesso é o seguinte: criei uma porção de movimentos e de núcleos de educação que permanecem ativos até hoje, levados adiante por gente que estimulei quando jovens. Por exemplo, quando eu estava no Recife e em Olinda, reativei a Pastoral de Juventude do Meio Popular. Assassinaram o padre, que era o assessor da Pastoral de Juventude do Meio Popular em 1969. Cheguei em 1973. Então Dom Helder me chamou e disse: "Você, que lidou com a JEC, com tudo isso, você tem uma prática de longa data, precisa recriar uma pastoral de juventude. Você topa?" Tinha uma porção de perigos e todo mundo sabia do assassinato do padre Henrique. "Eu topo", respondi.

Comecei a formar uma equipe de jovens para fazer isso. Depois de três anos, percebi que eles estavam prontos e saí fora. E a Pastoral de Juventude do Meio Popular se espalhou pelo Brasil inteiro e acho que até hoje ainda existe. Depois cheguei em Guarabira, e lá criei o SEDUP, o Serviço de Educação Popular, impulsionei a criação do Movimento das Mulheres Trabalhadoras Rurais do Brejo, do Movimento Popular de Alfabetização, em que as mulheres que alfabetizavam os homens, para eles poderem se candidatar ao Sindicato dos Trabalhadores Rurais. Depois criamos o Movimento de Renovação Sindical, em que a principal liderança foi a Margarida Alves.

Tudo continua existindo até hoje. E todo mundo ia lá para ver e aprender como é que se fazia a educação popular.

O movimento Mulherio das Letras segue a mesma lógica dos demais que ajudei a criar. As mulheres que escrevem precisavam se unir, se falar, se reunir. As redes sociais ajudaram na mobilização. Mas hoje sei que não dependem em nada da minha presença. Continuam em todo o país, e vão continuar.

Quando nasceu, em meados de 2016, foi da vontade de criar um grupo de mulheres que discutissem literatura. Nós, mulheres autoras, vínhamos conversando sobre a necessidade de saber quantas éramos. Reclamávamos que, nos eventos, éramos convidadas apenas como uma parte de cota. Conto de algo que acontecia até 2016. Entendíamos que os escritores se conheciam mais e tinham possibilidade de trocar mais entre eles. Nas tarefas práticas, coube a mim criar um grupo fechado no Facebook. Parece que quem criou a comunidade fui eu, e de fato era a mais velha ali, uma espécie de matriarca do negócio. Imaginei que, na melhor das hipóteses – como sempre, sou muito otimista –, seríamos umas quatrocentas. E me responderam: não vai ter mais que trezentas. Sabe quantas éramos depois de três meses? Cinco mil. Fizemos uma pequena enquete e descobrimos o seguinte: as mulheres que escrevem são quase todas multiartistas. São atrizes. São pintoras, ilustradoras, escultoras. São compositoras, cantoras, contadoras de histórias ou são editoras ou jornalistas também.

Quando me chamaram para dar aula no Instituto Superior de Pastoral Catequética, o acordo era que eu desse um curso com o Paulo Freire, lá no Chile, em 1969. Era ainda o governo do Eduardo Frei Montalva, não do Allende. O curso durou um mês, e li a *Pedagogia do oprimido* na versão datilografada com uma porção de correções manuais do próprio Paulo Freire. Depois ainda fiquei mais um mês ou dois lá, porque ele era o encarregado da parte educativa do ICIRA, que era o Instituto de Pesquisa, Treinamento e Reforma Agrária do Chile. Então fiz um estágio lá. Fui uma freiriana desde muito cedo.

Muitas pessoas começaram a ir para Guarabira para ver o que fazíamos. E por isso chegamos à conclusão de que era preciso criar uma escola de formação de educadores populares, então criamos a Escola de Formação Quilombo dos Palmares, que passou a atuar nos nove estados do Nordeste, formando lideranças para os movimentos populares e sindicais e educadores populares. E até hoje está tudo lá. E por quê? Porque eu não ficava sentada na cabeceira da mesa, comandando tudo por muito tempo, não. Depois que eu formava uma equipe de gente muito mais jovem, eu caía fora. Mesmo que fizessem coisas diferentes do que eu teria feito.

COMO JÁ FALEI, só virei escritora quando já estava com 60 anos. Não tinha mais as mesmas condições de andar pelo meio do mato com uma mochila nas costas, como fiz por tanto tempo. Escrever era outra maneira de continuar o meu trabalho – uma forma de militância social e cultural. E essa opção foi por uma escrita que todos pudessem ler.

As pessoas me perguntam: Para quem você escreve? Eu digo: Escrevo para os meus personagens. E os meus personagens são gente do povo, os invisíveis. E como nasce uma escritora? Não é uma resposta que sirva para todo mundo, sabe? Houve um tempo, ainda em Santos, em que eu dava aula no Sindicato dos Estivadores, nos sábados à tarde, de reforço para aqueles que estavam sendo alfabetizados na escola noturna. Um dia, estava voltando para casa pela praia, e fiquei com os pés cheios de areia. Cheguei na casa da minha avó e havia muitos escritores lá dentro. Devia ser inverno, porque todas as vidraças estavam fechadas e eu me lembro que pensei: "Não, eu tenho que entrar pelos fundos." Passei pelo jardim, pelo corredor. Lembro muito bem que olhei para aquilo e a sensação que tive foi de que eles estavam todos presos num aquário. Durante algum tempo, nas muitas vezes em que me perguntavam: "Quando você decidiu ser escritora?", eu dizia: "Eu nunca decidi ser escritora. Decidi não ser escritora." Porque eu me lembro perfeitamente de pensar: "Eu, passar a minha vida trancada num aquário escrevendo livros? De jeito nenhum, não quero, não. Eu quero correr mundo."

E foi naquele dia – um dia que marcou a minha vida, porque fecho os olhos e vejo aquela cena todinha – que eu decidi: Não queria ser escritora. Mas eu inventava histórias e escrevia nas cartas para minha avó, e às vezes pegava essas histórias e dava de presente para algum amigo, como já contei.

NA CENA DE SANTOS

Por ora, vamos parar um pouco para um passeio na praia, depois volto às memórias ditadas, e me agarro outra vez a Patrícia Galvão. Segui o seu caminho na militância; da militância surgiu a minha vida de escritora.

9. VIDA MORTE VIDA

EM 1962, EU COMPLETARIA 20 anos e, como fazia todo mês de dezembro, do meu aniversário, ia visitar minha família em Santos. O meu dia é o 8, de Nossa Senhora da Conceição; em alguns lugares, de Oxum, noutros, de Iemanjá. O meu pai, que era o médico dos médicos, não era exatamente médico de Pagu, mas fazia visitas a ela, em sua casa. Não sei se ele a ajudava com cuidados paliativos. Quando entrei em casa, meu pai estava saindo, e me disse: "Filha, deixa a mochila e venha comigo. Estou indo ver Patrícia Galvão." Fiquei sem saber como reagir. Não sabia que ela estava tão doente. Achava-a jovem na época.

Meu pai continuou: "Está nas últimas. Não há mais nada que se possa fazer, só cuidar para ela não sofrer muito." Não saí do carro; não cabia atrapalhar. No dia 12, ela morreu.

Deixe-me ver as anotações que fiz sobre seus últimos anos. Ela escreveu e traduziu peças. *Fando e Lis*, de Arrabal. Dirigiu *A filha de Rappaccini*, de Octavio Paz. E houve ainda *O túnel*, de Pär Lagerkvist, traduzida por ela e dirigida por Paulo Lara. Admirável era sua independência. Imagine que, depois de tudo o que fez pelo teatro na cidade, passou por um momento difícil quando apresentou seu pedido de demissão da presidência da UTAS, a União do Teatro Amador de Santos. Ela havia discordado de que a peça *A escada* fosse a representante santista num festival nacional, o III Festival Nacional de Estudantes, em Brasília. O autor, Oswaldo Leituga, era presidente do Centro dos Estudantes de Santos, e convenceu a todos de que a sua peça deveria ser, sim, a representante, e a entidade estudantil declarou Patrícia *persona non grata*. Plínio Marcos pediu que ela reconsiderasse, e adiaram a saída dela da UTAS.

* * *

DENTRO DE SI, ela se dedicava à própria despedida. Desde outubro de 1961, anunciava seu próximo embarque para a França. Chegou a escrever uma crônica relembrando a grande viagem de 1933. Então encerrou sua coluna "VIU?VIU?VIU?", que assinava como Gim. Escreveu a última crônica sobre teatro em junho de 1962, sobre Cacilda Becker. Seu último texto é o poema "Nothing", de 23 de setembro de 1962. Sentia-se muito mal e tomou uma decisão difícil. Pegou o avião para Paris, onde dizia que, estando sozinha, iria estudar teatro e consultar médicos. Mas tinha outro plano – uma "morte anônima", como o próprio Geraldo chegou a dizer depois. Num quarto do hotel do Boulevard Raspail, atirou no próprio peito. A bala não foi para o coração, passou por uma costela e foi parar na perna.

Os funcionários do hotel encontraram entre os pertences dela o contato do gravador e desenhista Arthur Luiz Toledo Piza, que estava no mesmo avião em que ela havia chegado. Foi Piza que telefonou para Geraldo para dar a notícia difícil. No Hospital Laennec, enquanto cuidavam de seu ferimento, constataram um tumor no pulmão esquerdo. Não era mais possível retirá-lo, dado o estado avançado do caso. No inquérito policial francês, os médicos não se referiram à tentativa de suicídio, mas a um acidente. Em novembro estava de volta a Santos.

O velório aconteceu em sua residência e, de lá, seguiu para o cemitério do Saboó. O enterro se deu no dia 13. Eu compareci, estava todo mundo lá. Vejo hoje a lista de nomes publicados num recorte de jornal. Foi comovente o texto que Geraldo publicou no dia 14, na mesma *Tribuna*, assinando apenas como "o redator de plantão". Todos sabiam que era ele o autor. Ele a chama de "Militante do ideal". E começa assim: "Deu-se essa semana uma baixa nas fileiras de um agrupamento de raros combatentes." Jornais de vários estados publicaram textos que lembravam do seu papel em anos de luta, do amor pela cultura e da quantidade de amigos que deixava.

TIVE UM INFARTO EM 2006. Uma coisa engraçadíssima. Era convidada da FLIP e, do sábado para o domingo, senti uma coisa estranha. Comi um pratinho muito leve, de lula. Quando voltei para o hotel, parecia que eu tinha comido um boi. E eu já era hipertensa. Então tomei uma dose maior de remédio contra a hipertensão, porque pensei: "Isso aqui pode ser algo complicado." Veio uma médica numa ambulância e viu que a pressão estava alta. Chegou lá depois do almoço. Ela voltou mais tarde, para constatar que eu não tinha melhorado. Realmente era um negócio grave. Levaram-me de ambulância para o hospital da usina nuclear, porque era o que tinha. E, lá, eles só puderam fazer o exame que confirmava o infarto, mas não podiam me tratar. No entanto, fiquei lá dois dias. Eu me lembro que ouvia o diretor do hospital dizer: "Não, não, não, no helicóptero não dá, não, tá muito ruim o tempo." E eu só pensava no Ulysses Guimarães. Não foi ele que morreu de helicóptero e nunca foi encontrado? Acho que eles me botaram na folha de pagamento da Globo, que tem plano de saúde, porque a família Marinho, com casa em Paraty e apoiadora da FLIP, resolveu me ajudar. Na terça-feira, veio um avião daqueles de UTI aérea, e desceu em Angra, aonde cheguei de barco. Aquele pessoal todo vestido de macacão vermelho. Parecia coisa de novela da Globo. Em vinte minutos estava em São Paulo.

Minha irmã Valentina foi comigo. Uau, uau, uau, a ambulância pela 23 de Maio. Em meia hora eu estava enfiada no Hospital Sírio-Libanês. A ambulância entrou até a porta da UTI. Eu lembro que perguntei: "Vai passar naquela televisãozinha ali?"

Porque a essa altura eu já achava que tinha morrido e já... Sabe? Eu estava apreciando a vida, o que estava acontecendo. Responderam: "Vai." "Então eu não quero dormir, não. Quero ver." Por sorte, foi muito fácil colocar o *stent*. Coisa de dez minutos. Eu fiquei assistindo. Então me disseram: "Pronto, perfeito. Grande sucesso." O médico disse que cinquenta por cento era mérito dele, e cinquenta por cento, meu. Perguntei: "Por quê, doutor? Eu não fiz nada, só fiquei aqui assistindo à televisão." Ele disse: "Nunca tive um paciente tão calmo." No ano seguinte eu tive outro infarto, na veia de escoamento da retina, e perdi a vista esquerda. No olho direito, eu tenho uma catarata inoperável. Inoperável para não perder essa vista também; seria arriscado fazer a cirurgia. Se eu fizer e der errado, fico cega de uma vez. Então não vale a pena.

Conto isso tudo e sinto que tenho uma saúde muito boa. Apesar de certos problemas que aparecem. O dinheiro que ganhei dos prêmios literários tive de usar para curar uma tal de "urticária espontânea autoimune". Aconteceu assim: uns seis anos atrás me apareceu uma coceira horrorosa, pipoquinhas pelo corpo inteiro. Tem vídeos no YouTube em que eu, em alguma mesa de algum evento, estou me coçando toda. Um horror! Em cada lugar que eu chegava me diziam: "Você tem que ir no meu médico e ele vai dar jeito nisso." Na época ganhei o Prêmio Jabuti nas categorias Romance e Livro do Ano, e também o Prêmio São Paulo. Então, tinha um dinheirinho, né? O que foi muito importante, porque não tenho nada. Só a aposentadoria de velhinha de INSS abaixo do teto, pois o dinheiro foi-se todinho em médicos e exames. Finalmente chegaram à conclusão de que era a tal da urticária autoimune. Tive de tomar duas injeções por mês. Cada uma custava 5 mil reais. Era impossível!

Telefonei para um grande amigo que é pai de santo e pedi: "Cleiton, pelo amor de Deus, você joga aí os búzios, vê o que é isso, que a medicina tradicional não tá dando jeito." Ele me disse: "Hoje e amanhã eu estou com muito trabalho na universidade, não dá. Mas assim que acalmar, eu volto a ligar." Uns três, quatro dias depois, ele retornou: "Você tem aroeira na sua casa?" Eu falei: "Tenho." Cultivo aroeira por causa da pimentinha rosa de que eu gosto muito. Então ele me ensinou: "Todo dia, a cada vez que tomar banho, você se enxágua com água de aroeira." A cura não tardou.

A humanidade sobreviveu até durante muito tempo por ter bastante conhecimento da possibilidade de cura pelas ervas, especialidade das mulheres "curandeiras", mas no século XVI apareceu a tal da medicina científica, que ainda era muito primitiva, e era digna dos homens. Começaram a queimar mulheres acusando-as de bruxas para acabar com a concorrência. Diferente do que se pensa, não foi a Idade Média que as colocou na fogueira, tampouco a Igreja. Pelo contrário, na Idade Média, se você acusasse alguém de bruxaria, quem sofria processo era você, porque a Igreja já tinha declarado que não existia bruxaria. Então, nesse caso, o acusador é que era herege. No século XVI, vem a Reforma, várias igrejas começam a aparecer e a medicina passa a ser ciência. E o que conservou esses saberes ancestrais foram os ritos populares. De todas as culturas. E por que isso ficou muito ligado à religiosidade? Porque, justamente quando o conhecimento científico racionalista não explica, entendemos que a natureza é expressão da vida.

O fabuloso ao relembrar a vida de minha amiga Patrícia é que tantas outras vidas se inspiram na sua, o ciclo nunca se interrompe e, como veremos ainda nessas memórias ditadas, parece abarcar cada vez mais entusiastas.

10. PEIXE DENTRO D'ÁGUA

AH, O BAR REGINA. Eu me lembro que chegava cedo e, quando via que minha amiga Patrícia estava sozinha, corria para sentar ao seu lado, antes de aparecerem os carinhas da União dos Estudantes de Santos e do Partido Comunista. Porque me botavam para o canto, tomavam conta da conversa, sabe? Eu conseguia conversar com ela enquanto os mandachuvas não estivessem lá.

Uma vez desabafei com ela sobre um rapaz que vinha de São Paulo e passava os fins de semana na cidade. Bonitinho, todo educado, carro bacaníssimo. Parecia o namorado ideal. E ele começou a me cercar.

Um dia, eu e ele estávamos sentados em outro bar, o Bar São Paulo, na esquina da nossa avenida, que é a do Canal Três, esquina com a praia. Era o lugar onde os adolescentes se encontravam. Confesso que, entre sentar ali e ir com o bando, eu preferia ir com o bando. Parecia mais interessante, mas todo o mundo me pressionava para namorar o tal rapaz que consideravam "irrecusável"... E acho que ele, no meio de uma conversa qualquer, disse: "Tenho mais lembranças do que se tivesse 1000 anos." Reconheci o que era: Rimbaud: *"J'ai plus de souvenirs que si j'avais mille ans"*, repeti em francês. E ele falou: "Sabe do que gosto em você? Você tem cabeça de homem." O quê? Fiquei injuriada com aquilo. Pronto, me livrei do sujeito.

Quando contei essa historinha para Patrícia, lembro que ela me escutou com a mesma compreensão como da vez em que reclamei dos comunistas que não queriam me deixar ler *O capital*. Sobre o rapaz, me fez um alerta: para ficar atenta a esses finórios tirados a sabe-tudo. E sobre a frase maldita, que me irritou profundamente, acrescentou: na cabeça das mulheres cabia tanto quanto na dos homens.

COMO DISSE, EU NÃO queria ser escritora. O que queria era ser educadora popular. E foi o que fiz a vida toda, e justamente por isso me tornei escritora. O meu primeiro livro, *Vasto mundo*, surgiu por acaso por causa das histórias que eu escrevia para minha avó. Pensei que aquela seria minha única experiência; não foi ali que eu pensei em me tornar escritora de jeito nenhum. Já contei que dei o livro de presente para um grande amigo que era o presidente do Sindicato dos Trabalhadores da Construção Civil da Paraíba. Na época, acabavam de ser criadas as escolas noturnas nos canteiros de obra para os que vinham do interior para se ocupar temporariamente na construção civil, e ali eles ficavam alojados. Paulo Marcelo tinha uma grande mágoa por não ter podido continuar na escola durante a infância porque teve de ajudar o pai. Colaborei muito com seu projeto, Zé Peão, no início. Dei o livro de presente, Paulo Marcelo voltou das férias pedindo os tais 260 exemplares pelo menor preço. Como me disse, os novos leitores que formavam queriam aquele tipo de livro, e não os disponíveis nas livrarias. Enfim consegui os 260 exemplares e fizemos um lançamento como devia ser, no auditório de uma faculdade de João Pessoa. Chegaram os 260 homens, todos arrumados, nos ônibus vindos diretamente dos alojamentos. Imagine dar autógrafo para cada um? Duzentas e sessenta pessoas esperando numa fila; demorou muito tempo. E foi aí que aconteceu uma coisa que, para mim, foi definitiva: enquanto eu estava lá sentada em cima de um estradinho, autografando, os primeiros que já tinham recebido o autógrafo foram se sentar lá no auditório. E eu, lá de cima, os via lendo o livro, rindo, comentando um com o outro, apontando trechos. Isso mudou toda a minha vida e a minha visão do que eu deveria fazer. Nesse momento eu percebi que escrever, e escrever pensando nos meus próprios personagens como leitores, era algo que podia ter uma importância muito grande do ponto de vista educativo mesmo. Isso foi o que me motivou a continuar escrevendo.

O segundo livro, *O voo da guará vermelha*, é uma história que escrevi considerando o momento que estávamos vivendo, o início dos governos do partido dos trabalhadores. Eu sabia muito bem que no programa desses novos governos havia o projeto de transformar a educação de jovens e adultos num setor permanente e universal do sistema educacional brasileiro, de maneira que qualquer brasileiro, em qualquer momento de sua vida, pudesse voltar para a escola em qualquer idade, então todas as escolas públicas deveriam ter as aulas noturnas permanentes. Por isso comecei a escrever esse livro, que conta a saga de um sujeito que percorre o Brasil inteiro tentando aprender a ler e escrever e nunca consegue, até encontrar a prostituta Irene, que lhe ensina. Escrevi esse livro porque pensava que, passados alguns anos, os mais jovens jamais imaginariam como era o país antes, como era a questão da educação antes.

Acontece que, como eu estava escrevendo para leitores do futuro, que como eu imaginava estariam já bem alfabetizados, acabou saindo um livro longo e cuja estrutura não é tão fácil para quem ainda não é um leitor muito experimentado. Então, quando eu estava pensando nisso, recebi a recomendação da Sônia Junqueira, da editora Autêntica, que, percebendo que a leitura não era tão fácil para novos leitores ou para jovens, pediu que eu fizesse uma versão mais breve e mais acessível, que ela chamava de "voozinho da guarazinha". E foi assim que escrevi a aventura de um menino que percorre o país querendo aprender a ler, que recebeu o título de *Ouro dentro da cabeça*. O interessante é que, por esse livro, ganhei um prêmio Jabuti na categoria literatura juvenil. E, por isso, respondendo aos apelos da realidade do que ia me acontecendo no contato com os outros como educadora, acabei virando uma escritora que passou a produzir uma série de livros, ganhei gosto pela coisa e continuei até hoje. Duas décadas de literatura, duas dezenas de livros, entre romances, contos, infantojuvenis, haicais, sem contar as antologias e as traduções que fiz do francês, inglês e espanhol por encomenda de editoras.

COM O PASSAR DO TEMPO, acompanhei a beleza que foi ver o nome da Pagu, a minha amiga Patrícia Galvão, ir crescendo, e pouco a pouco ela deixou de ser uma estrela quase esquecida para se tornar um mito ainda mais importante do que já tinha sido.

O *Álbum de Pagu* foi descoberto na biblioteca do sobrinho de Tarsila do Amaral, e por isso pôde ser publicado. As suas obras passaram a ser relançadas. Por incrível que pareça, somente em 1982 o Deops encerrou a investigação policial em torno de seu nome. No mesmo ano, o poeta Augusto de Campos, que havia tempos pesquisava a seu respeito, lançou *Pagu: vida-obra*, uma antologia de seus escritos, pela Brasiliense. Uma escola municipal recebeu seu nome em 1984, na praça Roosevelt, na capital de São Paulo. A garotada passou a conhecê-la principalmente quando estreou o filme que a Norma Bengell dirigiu, em 1988, com Carla Camurati no papel de Pagu. Oswald foi representado pelo Antônio Fagundes, e a Tarsila, pela Esther Góes. Lúcia Maria Teixeira Furlani publicou seus estudos sobre Patrícia, que viraram o documentário sobre ela, e a fotobiografia que fez com o Kiko, Geraldo Galvão Ferraz. Devemos a ele, aliás, que era superfã de histórias policiais, a descoberta, num sebo paulista, da coleção da revista *Detective* que continha os contos que a mãe escreveu com o pseudônimo King Shelter. Esses textos foram reunidos no volume *Safra macabra*, publicado pela José Olympio, em 1998. No ano seguinte, no bairro Jardim Helena, uma rua foi batizada com o nome Patrícia Galvão. *O caderno dos croquis de Pagu*, organizado pela Lúcia, foi publicado em 2004. A Unisanta inaugurou o Centro de Estudos Pagu em 2005. E passou a ser publicada a revista acadêmica *Cadernos Pagu*, de estudos feministas, na Unicamp.

Em 2009, foi criado um instituto para monitorar os direitos da mulher, em São Paulo: não pensaram em outro nome para batizá-lo. E há uma agência com o mesmo nome, para produzir e divulgar notícias relacionadas à defesa da mulher e contra a violência de gênero. As peças sobre ela e inspiradas em sua obra vão se suceder em todo o país por décadas; e mesmo recentemente, quando ocorreram as celebrações em torno dos 100 anos da Semana de Arte Moderna, seu nome foi muito lembrado, embora ela mesma não tenha participado do evento em 1922. Como sabemos, apareceu na cena modernista anos depois.

Recentemente, duas autoras contemporâneas brasileiras fizeram obras inspiradas em sua trajetória: minha grande amiga Maria José Silveira publicou *A jovem Pagu*, biografia romanceada, e Adriana Armony lançou *Pagu no metrô*, sobre a sua passagem por Paris, tendo descoberto durante a pesquisa muitos documentos e fotos inéditas, um primor. Não podemos esquecer a canção feita por Rita Lee em sua homenagem, "Pagu", sobre não se enquadrar em estereótipos, enfrentar os padrões impostos e tornar-se militante de tantas causas para mudar a sociedade.

PATRÍCIA GALVÃO FOI UMA grande mulher que me inspirou. Ditando estas memórias, eu me dou conta de que as suas marcas em mim são muito mais vastas do que eu imaginava. Outras grandes mulheres optaram por se inserir no meio do povo, quase todas invisíveis. Elas me inspiraram e animaram ao longo da vida. Se eu tivesse que representar todas essas que inspiraram em uma mulher-símbolo, escolheria Margarida Alves, a sindicalista de Alagoa Grande, do Brejo da Paraíba, uma querida companheira de luta durante anos, na criação do Movimento de Renovação Sindical do Brejo da Paraíba, que foi barbaramente assassinada a mando de latifundiários, em 1983.

No dia do ocorrido, tivemos uma longa reunião em Guarabira para completar as orientações para a campanha trabalhista que organizamos no mesmo ano. Por volta das três da tarde, terminada a reunião, Margarida se despediu de nós e voltou para casa, em Alagoa Grande, e, poucos minutos depois de chegar em casa, o pistoleiro encarregado de eliminá-la avançou e a matou cruelmente com inúmeros tiros no rosto e na cabeça. Imaginavam que, eliminando a principal liderança sindical do Brejo, abafariam todo o movimento. O que aconteceu foi o contrário: o movimento cresceu e no ano seguinte houve a grande greve geral dos canavieiros da Paraíba, obra de Margarida e seu sacrifício, eu não tenho dúvida.

Outra mulher-símbolo dessa militância heroica, que me inspirou e inspira até hoje, é Elizabeth Teixeira, líder das ligas camponesas na Paraíba, cuja primeira aparição em público ocorreu depois que sua existência e história foram reveladas pelo documentarista Eduardo Coutinho no filme *Cabra marcado para morrer*. E isso foi lá em Guarabira, no quadro das atividades que organizamos para animar o movimento para a greve. Elizabeth se casou com João Pedro Teixeira e juntos militavam nas ligas camponesas. Em 1962, seu companheiro foi assassinado, e ela mesma assumiu a frente do movimento. Após o golpe civil-militar, passou para a clandestinidade, adotando o nome de Marta Maria Costa. Só voltou a ser Elizabeth quando o Coutinho a encontrou, em 1981, para fazer o filme.

Também conheci de perto e convivi, por alguns anos, com outra grande inspiração, a Irmã Dorothy Stang, a corajosa Dotty, estadunidense naturalizada brasileira, e assassinada por pistoleiros a mando de madeireiros e latifundiários, em Anapu, no Pará. Dediquei meu livro *O voo da guará vermelha* à Dorothy e à Margarida. Foram inspiradoras diretas, tive o privilégio de partilhar da missão com elas.

O MEU ROMANCE MAIS próximo da minha própria vida se chama *Outros cantos*, e trata do período da grande repressão. Se me perguntam se é um livro de autoficção, eu digo: Não, não é autoficção, porque a personalidade da narradora, essa Maria, não é a minha. Esse romance surgiu de uma preocupação.

Quando se instaurou a Comissão da Verdade, houve o levantamento de todos que foram presos, torturados, mortos; de quem foi exilado, com ou sem razão, porque, vamos e venhamos, ser um exilado latino-americano na Europa era uma boa, viu? Era bem tratada, muito bem tratada. Andei por lá muitas vezes e inclusive me acontecia de encontrar pessoas que eu conhecia bastante e que nunca tinham feito nada. Elas me perguntavam: "Você também teve que se exilar?" E eu dizia: "Eu não tive que me exilar, não. Mas você está aqui exilado por causa de quê?" Não quis nunca ficar exilada por causa disso, porque aquilo me revoltava. Mas quem foi exilado também foi reconhecido pela Comissão da Verdade. E muita gente também ficou por aqui, "inseriu-se no meio do povo" e se dedicou a conscientizar e organizar as classes populares. Milhares de nós largamos tudo o que tínhamos. Sabíamos que não adiantava achar que com atos espetaculares íamos resolver e derrubar a ditadura. Sabíamos que era preciso construir desde a base, de baixo para cima, a consciência popular. "Como um peixe dentro d'água", certo? Como dizia, afinal, o livrinho vermelho do Mao Tsé-Tung que carregávamos para baixo e para cima.

Fomos muitos, muitos e muitos os que foram para as fábricas, para as periferias das cidades, para o campo. Quem viveu aquilo tem certo *know-how* de como se faz isso, e sabe que é preciso recomeçar. Fizemos porque decidimos fazer, não por condenação de ninguém, não por um ato do Estado. Não existimos na história do Brasil, tampouco para a Comissão da Verdade. Pensei: isso é um problema, porque é um engano. Escrevi *Outros cantos* para dizer que existimos. Não é um livro autobiográfico, no entanto, o contexto é real. Trata de onde eu vivi. Quando cheguei no Nordeste, o primeiro lugar para onde fui era um povoado em Pernambuco, no Sertão do São Francisco, em que o povo vivia todinho de tecer rede e era dominado por um sujeito que era o dono de tudo e não poupava ninguém. Era exatamente como descrevo, mas, claro, devidamente deformado pela distância do tempo, da memória e percepção, cada um vê de um jeito.

Escrevi esse livro porque queria registrar que existiu essa militância e que ela foi fundamental para que as coisas mudassem no país. E era de extrema importância colocar no papel. Por quê? Porque naquela época aconteceu uma das coisas que eu acho que explica em parte o que nós vivemos de 2018 a 2022. As coisas começaram a mudar a partir de 2002, não é? Muita gente diz que foi quando "chegamos lá". Quem vivia inserido no meio do povo, como fermento na massa, disse: "Bom, agora eu vou cuidar da minha vida." E aí esse espaço se esvaziou. E ele foi preenchido por quem? Pela Igreja Universal do Reino de Deus e não sei o quê, essas empresas de vendas de bens simbólicos, porque não são igrejas. Acho até que em muitas delas o pessoal não tem fé; rende muito mais se não tiver fé, porque assim não há nenhum escrúpulo para fazer qualquer manobra.

Por tudo isso, que vi e vivi na minha longa vida, é que eu sou uma pessoa esperançosa. Mas há uma coisa que temos de considerar quando tentamos recuperar as memórias, como faço aqui: não há fronteira entre memória e imaginação. Muitas vezes eu me sento aqui, neste meu jardim-matagal, e fico lembrando os períodos e aventuras da minha vida, e às vezes me pergunto se é tudo verdade ou se a ficcionista que está dentro de mim é que está inventando. Mas se há uma coisa que eu posso "jurar", é que tudo o que contei aqui o fiz com toda sinceridade. É assim que eu me lembro. Mas não posso jurar que é tudo verdade verdadeira, tal e qual. Dito isso, minha amiga Patrícia está sempre comigo.

ESTE LIVRO

COMECEI EM 2021 a buscar livros e teses, verificar na minha própria estante e em sebos, para fazer as anotações que me ajudaram na preparação desta obra. A bibliografia é vasta e falo um pouco disto no último capítulo, de modo que escolhi me concentrar em seis títulos referenciais para conduzir as gravações dessas memórias ditadas, além obviamente de toda a bibliografia de minha amiga Patrícia. A seus autores e autoras agradeço por me servirem de fonte valiosa de pesquisa.

O primeiro título é de Geraldo Galvão Ferraz e Lúcia Maria Teixeira Furlani, *Viva Pagu – fotobio-*

grafia de Patrícia Galvão, publicado pela Unisanta e Imprensa Oficial, cuja primeira edição saiu em 2010. Verifiquei muitas vezes a cronologia de Pagu através de suas páginas, delas saem todas as cartas e documentos citados.

O trabalho pioneiro de Augusto de Campos foi um ótimo condutor dos livros de Pagu que precisei percorrer, tirei muitas dúvidas e corrigi dados com sua ajuda. A edição que consultei de seu *Pagu: vida- -obra* é de 2014, agora publicado pela Companhia das Letras.

Um livro menos conhecido, mas importante para nós, santistas, é o da pesquisadora Márcia Costa, *De Pagu a Patrícia – O último ato*, que trata de sua atividade em Santos exatamente durante a última década de sua vida. A sua edição é da Dobra Editorial, 2012.

Outras obras importantes foram *Pagu: Literatura e Revolução*, de Thelma Guedes, da Ateliê Editorial, de 2003; *Geraldo Ferraz e Patrícia Galvão – a experiência do Suplemento Literário do Diário de S.Paulo, nos anos 40*, de Juliana Neves, da Annablume/Fapesp, de 2005; e, finalmente, *Dos escombros de Pagu*, de Tereza Freire, das Edições Sesc-SP e Senac-SP, de 2008.

* * *

uma parte dessas memórias começou a ser ditada durante um evento realizado por iniciativa do Centro de Pesquisa e Formação do Sesc São Paulo na passagem dos meus 80 anos, em dezembro de 2022. Quando me fizeram o convite, as gentilíssimas Andrea Nogueira, diretora, e Emily Fonseca, pesquisadora na linha de frente, não imaginavam o quanto aquelas primeiras recordações gravadas em fita e depois transcritas me ajudariam a organizar este fluxo. A elas agradeço o carinho do gesto.

Até ali, eu tinha conversado com amigos, parentes e gente conhecida dos jeitos mais diversos: por áudio de WhatsApp, mensagem eletrônica, telefone e, vejam só, até pessoalmente, como sempre se fez e se fazia antes que a tecnologia chegasse até nós. Nesta lista, incluem-se, por ordem alfabética, pessoas fundamentais nessa grande operação de compartilhar um passado em comum: Andrea Rezende Porto, minha prima; Carlos Alberto Aulicino; Lia Freitas Guimarães; minhas irmãs Maria Valentina, Maria Viviana e Maria Vitória, todas de sobrenome Rezende; Marisa Lajolo, que na época ainda assinava Philbert; Pedro Bandeira; Sérgio Mamberti. Infelizmente três partiram enquanto eu realizava este livro – Carlos, Maria Vitória e Sérgio. Obrigada por tanto.

Nos primeiros dias do mês de agosto, recebi em nossa casa em João Pessoa a organizadora desta Coleção Brasileiras, Joselia Aguiar, com quem converso sobre minha vida há 15 anos de convivência em tantas cidades. No canto de nosso jardim pudemos relembrar toda a vida de Pagu e a minha.

Duas pessoas de meu convívio estreito merecem, por fim, ser citadas como gesto de profunda gratidão: Graça, coordenadora da nossa congregação, que divide o cotidiano de nossa missão, e Thaty, minha assistente, fundamental sobretudo na organização das minhas imagens e acertos finais de digitação.

A primeira edição deste livro
foi impressa em novembro de 2023,
ano em que Patrícia Galvão foi a autora homenageada
na Feira Literária de Paraty (Flip).

*

A capa deste livro foi composta na tipografia Elza (Blackletra)
e impressa em cartão supremo. O miolo foi composto em
Minion Pro (Robert Slimbach) e impresso em papel off-white,
no Sistema Cameron da Divisão Gráfica da Distribuidora Record.